Gerhard Schäfer

1939
als alles begann

Aus dem Leben eines kleinen Jungen während des
Zweiten Weltkrieges und in den ersten Jahren danach

Autor:
Gerhard Schäfer

Lektorat:
Leonie Zimmermann

1. Auflage 2025

ISBN: 978-3-7693-2445-7

Layout, Bildbearbeitung und Satz: Gerhard Schäfer, Kassel
Umschlag: Gerhard Schäfer, Kassel
Verlag: BoD · Books on Demand GmbH, Überseering 33,
22297 Hamburg, bod@bod.de
Druck: Libri Plureos GmbH, Friedensallee 273,
22763 Hamburg

Inhaltsverzeichnis

Prolog

Eigentlich habe ich schon lange mit der Idee gespielt, einmal meine früheste Kindheit zu Papier zu bringen. Beginnend dort, wo ich geboren wurde und meine ersten Jahre verbrachte: in der Niederlausitz. Hierhin wurde mein Vater als Berufssoldat versetzt. Die Niederlausitz war somit auch meine erste Heimat.

Meine Kindheit war von vielen Facetten geprägt. Nach Kriegsende lebte ich in Hessen, in Kassel, der Geburtsstadt meiner Mutter, die Stadt, die ich letztlich als meine eigentliche Heimat gesehen habe. Nach vielen beruflich bedingten Aufenthaltsorten in Deutschland hat sich der Kreis geschlossen und ich wohne nun wieder in meiner gewählten Heimatstadt Kassel.

Aber dieser Wunsch, meine Erlebnisse niederzuschreiben, kam und ging. In solchen Momenten stellt man sich die Frage: Wer interessiert sich überhaupt dafür und will so etwas lesen? Es gibt schon so viele Chroniken und Autobiografien, die von Ereignissen aus der Zeit des Zweiten Weltkrieges und den Geschehnissen danach berichten.

In einem ausführlichen Telefonat mit meinem Schwager, auch ein Hesse, der schon lange in Bayern lebt, sprachen wir über viele Themen unserer Zeit. Zunächst über die Pandemie, Covid-19, welche die ganze

Welt in Atem hielt, über die enormen politischen Veränderungen weltweit, über die fortschreitende Veränderung unserer Sprache hin zum Englischen und über den ungleichen Wohlstand in der Weltbevölkerung.

So kamen wir schließlich auch auf meine Kindheit zu sprechen, die Kriegswirren des Zweiten Weltkrieges, die ersten Jahre danach und die immer rasanter werdenden Entwicklung der Informationstechnologie (IT), der künstlichen Intelligenz (KI) und der Technik allgemein. Arbeitsabläufe in Industrie und Handwerk sind enorm einfacher und weniger körperlich geworden, nicht zuletzt durch die Roboter. Der Computer hat in allen Berufen vieles möglich gemacht, was vorher nicht denkbar war. Seit der Zeit meiner Kindheit bis heute hat sich somit auch im täglichen Leben der Menschen viel verändert. Kürzere Arbeitszeiten, bessere Bezahlung und viele soziale Annehmlichkeiten geben Raum für eine erholsame Freizeit, Urlaub und Vergnügen. Diese positive Entwicklung einmal zu verdeutlichen, dazu können die Erlebnisse aus meiner frühen Kindheit vielleicht ein wenig beitragen und man kommt zu der Erkenntnis, dass sich hier Welten auftun.

Also fing ich ein paar Tage später mit dem Konzept und den Recherchen an, um das niederzuschreiben, an das ich mich noch erinnern konnte, und um einmal aufzuzeigen, wie groß doch der Unterschied zur heutigen Zeit war. Wenn vielleicht auch nicht alle Schilderungen der damaligen Realität entsprechen sollten, so sind dies schließlich die Eindrücke und Erinnerungen, wie ich meine Kindheit erlebt habe.

Der neue Erdenbürger

1939 – am ersten Tag des Monats April, die große Standuhr schlug gerade zur vierzehnten Stunde, als ich das Licht der Welt erblickte. Nicht irgendwo, nein, im Ehebett meiner Eltern. Umsorgt von der Hebamme und der Nachbarin meiner Eltern. Eine klassische Hausgeburt wie in diesen Zeiten üblich. Mit meinem ersten Schrei startete ich in eine Welt, die mir von Anfang an Ereignisse bescherte, deren Tragweite man zu diesem Zeitpunkt noch nicht zu ermessen vermochte.

Meine Geburtsstadt Sorau trägt
heute den polnischen Namen Żary

Es war Samstag. Strahlend schien die Sonne über der Wehrmachtssiedlung, die neu erbaut unmittelbar neben der Kaserne des beschaulichen kleinen Kreisstädtchens Sorau in der Niederlausitz (im heutigen Polen mit dem polnischen Namen Żary) lag. In dieser Soldatensiedlung wohnten seit Kurzem meine Eltern zusammen mit meiner vier Jahre älteren Schwester, die für mich fortan meine große Schwester war, die immer auf mich aufpassen wollte, auch wenn mir das manchmal so gar nicht gefiel. Seit einigen Monaten war dieses Sorau nun unser Zuhause. Doch könnte ich hier mein Dasein starten, ohne einen Blick auf die bewegten, ereignisreichen Leben meiner Vorfahren zu werfen?

*

Ursprünglich kamen meine Eltern beide aus Nordhessen. Die Eltern meines Vaters stammten aus dem Schwalm-Eder-Kreis, die meiner Mutter aus der Nähe von Kassel.

Mein Großvater väterlicherseits wurde im November 1884 in dem kleinen Dorf Rörshain, das heute zur Großgemeinde Schwalmstadt gehört, geboren. Dort wuchs er auf und ging im Nachbardorf Niedergrenzebach zur Schule. Wie zu dieser Zeit üblich, waren es Dorfschulen, in denen mehrere Jahrgänge gleichzeitig in einer Klasse unterrichtet wurden. Hier war natürlich nur ein Volksschulabschluss möglich. Nach Schulende erlernte er das Maurerhandwerk. Die Baustellen, an denen er arbeitete, lagen mal hier und da, meist kilometerweit von Rörshain entfernt. Die Strecken zu den jeweiligen Arbeitsstätten musste er zu Fuß bewältigen. Er erzählte oft, dass er morgens immer ganz früh aufstehen musste, um rechtzeitig die jeweilige Arbeitsstätte zu erreichen.

So kam er in den umliegenden Gemeinden viel herum und lernte später die drei Jahre ältere Anna Altmann aus Seigertshausen kennen, die er 1908 zur Frau nahm. Bald darauf wurde er als Jungvermählter zum Wehrdienst im deutschen Kaiserreich einberufen.

In dieser Zeit überfielen ihn eines Tages Unbekannte, strangulierten und verletzten ihn so stark, dass er später seinem Beruf als Maurer nicht mehr nachgehen konnte. Der Staat sorgte auch damals schon für seine Diener und bot ihm daraufhin eine Position als Gefängnisaufseher an. Fortan war er im Kaiserreich deutscher Staatsdiener. Als Beamter begann seine Laufbahn in der siegerländischen Kleinstadt Laasphe, Nordrhein-Westfalen. Hier kam auch mein Vater als Ältester von drei Söhnen zur Welt.

*

Mein Großvater mütterlicherseits stammte aus Oberzwehren. Die Großmutter dagegen kam aus Niederzwehren, beides heute Stadtteile von Kassel. Wie meine Großeltern ein Paar wurden, ist mir nicht bekannt. Wohl aber, dass es früher zwischen den Dörfern eine große Rivalität gab. Die jungen Burschen lieferten sich regelrechte Schlachten mit Steinwürfen mit dem

Ziel, die Mädchen ihres Dorfes vor den jungen Männern des anderen Dorfes zu bewahren. Ihre Mädchen wollten sie gern für sich haben. Meinem Großvater ist es aber trotzdem gelungen, sich mit einem Mädchen aus Niederzwehren anzufreunden. Bald merkte das junge Paar, dass sich eine Schwangerschaft andeutete. 1911 hielt er als junger Mann von einundzwanzig

Das Hochzeitsbild meiner Großeltern
mütterlicherseits

Jahren um die Hand meiner Großmutter an und bald darauf heiratete mein Großvater, der den Beruf Kesselschmied erlernt hatte, die ein Jahr ältere Elise. Die Schwangerschaft jedoch endete nach kurzer Zeit mit einer Fehlgeburt. Dieses Ereignis ging nicht spurlos an dem jungen Paar vorbei. Hinzu kam noch der Umstand, dass sich Großvater in seinem Beruf als Kesselschmied nicht wohlfühlte. Lieber war er in der freien Natur oder wenigstens doch zeitweise. So verdingte er sich als Maurer und ging in diesem Beruf richtig auf. Schnell schaffte er auch den Sprung zum Polier. Bald darauf war meine Großmutter wieder schwanger. Doch dies war nicht das einzig gravierende Ereignis, das die junge Ehe vor erhebliche Herausforderungen stellte. Am 1. August 1914 begann der Erste Weltkrieg und mein Großvater bekam schon vorher die Einberufung. So kam das erste Kind, meine Mutter, ohne seinem Vater zur Welt. Kommunizieren konnte man kaum, denn der einzige Kontakt während des Krieges war die sogenannte Feldpost. Doch diese kam meist erst nach Wochen oder oft auch gar nicht beim Empfänger an. Meine Großmutter war wie so viele Frauen, deren Männer an der Front waren, stets im Ungewissen. Lebt mein Mann noch? Wie geht es ihm? Oder ist er schon gefallen? Quälende Fragen, die aber meiner Großmutter keiner beantworten konnte.

Großvater blieb während das ganzen Krieges an der Front und kämpfte zum Schluss im Elsass. Fronturlaub hatte er nicht. Als der Krieg am 11. November 1918 zu Ende war, blieb er aber noch ein Jahr in Straßburg.

Mein Großvater
während seiner Militärzeit in Straßburg

Warum er nach Kriegsende nicht gleich nach Hause kam, darüber wurde nie gesprochen. Für meine Großmutter aber als Alleinerziehende war es eine schwere Zeit. Gut, dass sie von ihrer Familie aufgefangen wurde, da es soziale Hilfe im heutigen Sinne nicht gab. Erst 1919, als Großvater nach einem Jahr nach Hause kam, sah er seine Tochter, als sie bereits fünf Jahre alt war, zum ersten Mal.

Eine Situation, die wohl nicht leicht zu ertragen war. Wie meine Mutter als fünfjähriges Mädchen dies empfunden haben mag, weiß ich nicht. Drei Jahre später wurde mein Großvater nochmals Vater, als der Bruder meiner Mutter geboren wurde.

*

Da Großvater als Polier seinen Traumberuf gefunden hatte, wuchs auch bald der Wunsch nach einem eigenen Haus. Da er in seiner bemessenen Freizeit viel selbst machen wollte und eine Finanzierung auch möglich war, stand dem Projekt nichts mehr im Wege. Ein Zweifamilienhaus mit einem großen Garten war sein ganzer Stolz, auch wenn es weiter draußen am Stadtrand lag. Gern nahm man weitere Fußwege in Kauf weil hier die Grundstücke preiswerter waren.

In ihrem neuerbauten Elternhaus in Kassel in der Knallhütterstraße fühlte meine Mutter sich recht schnell wohl. Hier waren nun ihre eigentlichen Wurzeln. Auch wenn es dort mehr Arbeit mit Haus, Vieh und Garten gab, sie war es gewohnt zu arbeiten, so wie auch ihre Mutter und Großmutter, die schon immer von kleinauf tüchtig mit anpacken mussten.

Die Rechte der Frauen waren seinerzeit noch sehr eingeschränkt. Sie durften nicht wählen, der Mann bestimmte das Leben der Familie und die Frau musste sich um Haus und Kinder kümmern. Konnte eine Frau einen Beruf erlernen, war es schon ein besonderes Privileg.

Dieses hatte meine Mutter nicht. Gern wäre sie weiter zur Schule gegangen und hätte später den Beruf einer Schneiderin und Designerin erlernt. Das aber konnten sich meine Großeltern damals finanziell, trotz des enormen Aufschwungs der 20er-Jahre, nicht leisten. Doch dieser Aufschwung, der nach dem Ersten Weltkrieg begonnen hatte, nahm ein jähes Ende mit dem Börsenkrach am 24. Oktober 1929 in New York und machte ihnen wie so vielen Menschen einen Strich durch die Rechnung ihrer Planung.

Die Kurs-Einbrüche an der Wall Street waren so dramatisch, dass man diesen Tag als *Schwarzen Freitag* bezeichnete. Massenarbeitslosigkeit war die Folge und stürzte viele Familien in bittere Not. Auch mein Großvater verlor seine Arbeit. Der Nachbar von gegenüber war der Einzige aus der ganzen Straße, der noch Arbeit hatte.

Für meine Großeltern war es besonders hart, denn sie hatten ja gerade ihr Haus gebaut und konnten die Raten nicht bedienen. Um das Haus nicht zu verlieren, musste meine Mutter, eben aus der Schule, eine Anstellung zur Fabrikarbeiterin bei der Firma Berghöfer, die unter anderem Wasserschläuche für Duschen herstellte, annehmen. Mit ihrem kargen Lohn sorgte sie fortan maßgeblich für den Abtrag der Bauschulden. Da meine Großeltern auch noch einen acht Jahre jüngeren Sohn zu versorgen hatten, waren es für sie keine rosigen Zeiten.

Ein paar Jahre später hatte das nationalsozialistische Deutschland die Weltwirtschaftskrise weitgehend bewältigt und es herrschte bald wieder Vollbeschäftigung. So fand auch Großvater wieder Arbeit und es ging allmählich bergauf. Doch der Traum meiner Mutter, Schneiderin zu werden, war inzwischen ausgeträumt.

*

Entbehrungen waren meinen Kasseler Großeltern von jeher nicht fremd. Großmutter stammte aus einem Haushalt mit neun Kindern. Früh lernte sie mitzuhelfen und zur Versorgung der Familie beizutragen. In einem kleinen, schmalen Häuschen, in dem sie wohnten, war wenig Platz für elf Personen. So erzählte meine Großmutter, dass sie sich mit drei ihrer Schwestern ein Bett teilen musste. Jeweils zwei schliefen am Kopf- und zwei am Fußende. Vier Mädchen in einem Bett. Ähnlich eng ging es auch bei den Jungen und den Eltern zu.

Mein Vater nannte später das Häuschen scherzhaft immer „*Schilderhäuschen*", weil es so schmal war.

Auch die Urgroßmutter hatte schon ein bewegtes Leben. Geboren auf dem größten Bauernhof von Breitenbach verlebte sie eine sorgenfreie Kindheit. Doch ihr Vater war wohl nur Bauer und kein Geschäftsmann, der auch einen Hof führen konnte. So blieb es nicht aus, dass er in finanzielle Schwierigkeiten geriet. Immer wieder lieh er sich von einem jüdischen Finanzmakler Geld. Er verlor bald den Überblick und somit auch seinen schönen Bauernhof. Das sorgenfreie Leben seiner Kinder fand damit ein jähes Ende.

Nun musste meine Urgroßmutter, als Älteste der Kinder, ebenfalls mit für die Familie sorgen und auf der Löwenburg eine Arbeitsstelle annehmen. Die Löwenburg, ein ab 1793 unter Landgraf Wilhelm IX. von Hessen-Kassel, dem späteren Kurfürst Wilhelm I., erbautes Lustschloss lag im Kasseler Bergpark Wilhelmshöhe. Das Schloss, mit pompösen Wohnräumen ausgestattet, diente dem Landgrafen als privater Rückzugsort. Hier arbeitete meine Urgroßmutter in jungen Jahren als Köchin. Das war eine sehr ansehnliche Arbeitsstelle. Doch wohnen konnte sie dort nicht. Den Fußweg von gut zehn Kilometer musste sie täglich zweimal zurück-

Foto: Carl Eberth, Kassel

Löwenburg
im Bergpark Kassel-Wilhelmshöhe

legen. Dabei war auch ein Waldgebiet zu durchqueren. Am Waldesrand nahm ein Wachposten sie in Empfang und begleitete sie durch das dunkle Gehölz bis zum Schloss. Auch auf dem Heimweg ließ man ihr diesen Schutz zukommen. Ohne diese Eskorte hätte der Urgroßmutter sicherlich einiges passieren können. Ein Arbeitstag voller Strapazen lastete täglich auf dieser jungen Frau.

Wenn der Landgraf im Schloss weilte, war immer reger Betrieb und für die Bediensteten prägte viel Arbeit den Alltag. Neben seiner Ehe mit Wilhelmine Karoline von Dänemark, mit der er vier Kinder hatte, hielt er sich noch mehrere Mätressen. Aus diesen Beziehungen erwuchsen mehr als zwei Dutzend Kinder.

Sicherlich war die Urgroßmutter froh, als sie ihren Mann kennenlernte und so die schwere Arbeit auf der Löwenburg nun ein Ende hatte. Sie zog zu ihm nach Niederzwehren und sie gründeten bald eine Familie. Doch es folgte weiterhin ein arbeitsreiches Leben. Als Haufrau und Mutter. Nach und nach kamen elf Kinder zur Welt. Eine elfköpfige Familie zu versorgen war bestimmt auch nicht das große Los, doch ihr Leben war nun viel selbstbestimmter.

*

Seinen Berufsstart als Staatsbeamter fand mein Großvater väterlicherseits in Laasphe. Vom Dorf in die Stadt brachte für beide Großeltern eine erheblichen Umstellung mit sich. Meine Großmutter war es

Großvater im Sonntags-Ausgehanzug

gewohnt, in Schwälmer Tracht zu gehen. Zwangsläufig musste sie sich umstellen, da solch eine Tracht in der Stadt zu auffällig gewesen wäre. Auch für meinen Großvater änderte sich der Kleidungsstil. Während der Dienstzeiten Uniform und darüber hinaus städtische Kleidung bis hin zum Sonntagsanzug.

Nach nur kurzer Zeit wurde Großvater nach Olpe versetzt, wo mein Vater eingeschult wurde. Auch die beiden anderen Söhne, mein Onkel Erich und mein Patenonkel Heinrich, wurden hier geboren. Immer im

Abstand von vier Jahren erblickten die drei Knaben das Licht der Welt.

Von Olpe ging es recht bald nach Gütersloh. Hier wurde meine Großmutter plötzlich schwer krank. Mit starken Bauchschmerzen quälte sie sich Tag für Tag, ohne jedoch zum Arzt zu gehen. Zu spät erkannte man, dass es sich um eine Blinddarmentzündung handelte. Jede Hilfe war zu spät. 1922 verstarb sie unter schweren Qualen. Plötzlich stand die junge Familie ohne Mutter da und Großvater konnte sich berufsbedingt kaum um seine drei Kinder kümmern. Wie sollte er mit dieser Situation umgehen? Eine Haushälterin wäre eine Möglichkeit, doch wer sollte nachts die Kinder beaufsichtigen? Oft hatte Großvater auch Nachtschicht, sodass diese Idee zu keiner Lösung führte. Kurz entschlossen holte er die unverheiratete ältere Schwester seiner verstorbenen Frau ins Haus. Doch zu jener Zeit war es unschicklich und beruflich undenkbar, unverheiratet als Paar unter einem Dach zu leben. So heiratete er alsbald das zweite Mädchen aus dem Hause Altmann in Seigertshausen. Dieser Ort Seigertshausen sollte später in meinem Leben noch Bedeutung bekommen. Es war wohl keine Liebesheirat, aber wichtig für Großvater war die Versorgung seiner Kinder. Meine neue Großmutter hatte schon das Alter überschritten, in dem junge Frauen eigentlich heirateten. Deshalb war man froh, auch das ältere Mädchen unter die Haube gebracht zu haben. Wie ich später selbst erleben musste, haben sich beide arrangiert, aber es blieb ein Leben lang eine Zweckehe.

Das abwechslungsreiche Leben meines Großvaters ging aber unvermindert weiter. Es kam die Versetzung nach Essen. Essen war für längere Zeit seine nächste Arbeitsstätte. Hier verlebte mein Vater auch seine Jugendjahre und, wie er schon mal sagte, genoss er auch das damalige Großstadtleben. Für meine neue Großmutter, die aus einem kleinen Dorf kam, von der großen Welt noch nichts gesehen hatte, war das Leben und Wirken in der Großstadt Essen eine wirkliche Herausforderung. Nur schwer konnte sie sich anfangs an das Großstadtleben gewöhnen. Sie musste aber Herr der neuen Aufgaben werden und sich in der Stadt zurechtfinden. Sie spielte oft mit dem Gedanken, wieder zurück zu ihrer Familie zu gehen. Die Kinder allein zurückzulassen brachte sie dann doch nicht übers Herz. Auch für meinen Großvater war das Leben in der Großstadt Neuland. Schließlich kam auch er aus einem kleinen Dorf. Doch schnell passte er sich an und führte das Leben eines wohlsituierten Städters.

*

1933, die beiden älteren Söhne waren bereits aus dem Haus, wurde er zum Gefängnisdirektor befördert und nach Kassel versetzt. Hier mietete er die Wohnung in oberen Stockwerk im Hause meiner Großeltern mütterlicherseits. Zusammen mit seiner Frau und dem jüngsten Sohn Heinrich, der später mein Patenonkel werden sollte, bezogen sie die Dreizimmerwohnung in dem Zweifamilienhaus. Da das Haus gerade erst fer-

Das Haus meiner Großeltern mütterlicherseits

tiggestellt war, waren sie auch die ersten Mieter. Ein Glücksfall für die Bauherren, denn die Mieteinnahme trug nun erheblich zum Schuldenabbau bei.

Es war Zufall, dass mein Vater, der sich als Berufssoldat verpflichtet hatte, zu diesem Zeitpunkt in Kassel stationiert war. Er, gelernter Maler, hatte ebenfalls wie meine Großväter den erlernten Beruf gewechselt. Das Angebot beim Militär, ausgewählt für das Hunderttausend-Mann-Heer, war erheblich lukrativer, als weiterhin als Malergeselle zu arbeiten.

So ergab es sich ganz von allein, dass er beim Besuch seiner Eltern meine Mutter, die als junges Mädchen noch zu Hause lebte, kennenlernte. War es Liebe auf den ersten Blick? Das haben sie uns nie verraten. Aber sie verliebten sich ineinander und waren fortan ein Paar. Sicherlich war meine Mutter recht stolz, einen jungen, schmucken Soldaten als Freund und Verlobten zu haben. Vor allem weil damals ein Berufssoldat in der Gesellschaft sehr anerkannt war und als gute Partie galt. Fortan trafen sie sich so oft es ging und deshalb war es selbstverständlich, dass sie ihre gemeinsame Zukunft planten. Ein Jahr später wurde das junge Glück mit der Geburt meiner Schwester besiegelt. Doch heiraten durften sie erst, als mein Vater bestimmte Berufsjahre erreicht hatte. Drei Jahre später, als Vater nach Sorau versetzt wurde, ging alles ganz schnell. Nun durften beide heiraten. Eine große Hochzeitsfeier war aber in der Eile nicht mehr möglich, da der Umzug unmittelbar bevorstand. So schlossen sie in kleinem Kreise den Bund der Ehe. Jetzt konnte meine Schwester, wie man damals sagte, in geordneten Verhältnissen aufwachsen und den Namen unseres Vaters tragen.

*

Lange behielten meine Großeltern väterlicherseits die Wohnung im Elternhaus meiner Mutter jedoch nicht. Der Weg zur Arbeit von zirka fünf Kilometern, den Großvater täglich zweimal zu Fuß zurücklegen musste, war dann doch zu weit. Früher, als Großvater noch als Maurer arbeitete, waren solche Entfernungen für ihn alltäglich, um zu den unterschiedlichsten Baustellen zu gelangen. Da Großvater jetzt in seiner Position als Gefängnisdirektor meist lange arbeitete, aber mit seiner Familie auch noch genügend Zeit verbringen wollte,

Das Haus in Wehlheiden hat die Bombennächte
überstanden und beherbergt auch heute noch eine Gaststätte

zogen sie bald nach Wehlheiden (einem Stadtteil von Kassel) um. Im Zentrum von Wehlheiden mieteten sie eine große Wohnung im zweiten Stock eines gutbürgerlichen Hauses mit Gaststätte im Erdgeschoss. Nun hatte er nur noch einen kurzen Weg zur Arbeit. Obwohl meine Großeltern nicht gerade arm waren, waren sie aber sparsam erzogen. So war es für sie selbstverständlich, wenn sie zum Einkaufen in die Innenstadt wollten, dass sie eine Wegstrecke von einigen Kilometern mindestens zu Fuß gingen. Die Fahrt mit der Straßenbahn kostete zehn Reichspfennige. Die wollte man sparen.

Bald verließen meine Großeltern auch Kassel, da Großvater zum Gefängnisdirektor nach Marburg berufen wurde. Hier lebten sie, bis Großvater in den Ruhestand gehen konnte. Mein Vater jedoch war noch eine Zeit lang in Kassel stationiert, ehe er ein Jahr vor Beginn des Zweiten Weltkrieges nach Sorau versetzt wurde. Eine für meine Eltern völlig unbekannte Gegend sollte fortan ihre neue Heimat werden, die es aber dann doch nur für eine kurze Zeit sein konnte. Dass meine Mutter sich dort nie heimisch fühlen würde, konnte sie anfangs noch nicht ahnen.

*

Als ich an jenem 1. April meine ersten Schreie von mir gab, legte die Hebamme mich in die Arme meiner Mutter, die sehr erschöpft, aber stolz über den kleinen Erdenbürger war. Vor allem weil sie nach der Geburt eines Mädchens nun einem Jungen, dem Stammhalter, das Leben geschenkt hatte. Die Hebamme und eine Nachbarin, die bei der Hausgeburt zugegen waren, waren froh, dass die Geburt recht problemlos verlaufen war. Ich glaube, die Nachbarin hieß Pupke und wohnte mit ihrer Tochter in unserem Haus in der Nachbarwohnung. Ich glaube, sie stammte aus Kiel. Auch ihr Mann war in diese neue Soldatensiedlung versetzt worden, wie so viele andere Soldatenfamilien aus allen Regio nen Deutschlands. Da wir kein Telefon besaßen, bot sich Frau Pupke an, meinen Vater darüber zu informieren, dass er eben Vater geworden sei. Sogleich lief sie rüber zur Kaserne, in der mein Vater zu diesem Zeitpunkt Dienst hatte. Sie überbrachte ihm die frohe Botschaft, dass er Vater eines kleinen Sohnes geworden sei.

Alle dachten, dass er gleich nach Hause käme, um seinen Spross zu sehen. Nein, er war wohl so überwältigt, dass er nach einem Mädchen jetzt einen Stammhalter hatte. Das musste er natürlich erst seinen Kameraden erzählen. Vielleicht war dies ein Fehler, denn die zogen mit ihm sofort in die Kantine, um das Ereignis zu begießen. Aus dem Begießen wurde dann doch ein kleines Saufgelage, denn es dauerte, bis mein Vater recht beschwippst und strahlend zur Tür hereinkam. So erzählte man mir es später, denn ich konnte die Ereignisse der ersten Stunden meines Lebens so noch nicht wahrnehmen. Ich kann mir aber heute vorstellen: Meiner Mutter war es bestimmt nicht egal, dass er erst mit seinen Kameraden diesen Anlass begießen musste. Sie hätte ihn sicherlich in den ersten Minuten gern bei sich gehabt. Andererseits hatte sie aber auch Verständnis, dass er bei seinen Kameraden seinen ganzen Stolz zeigen wollte. Schließlich freuten sich alle mit dem frischgebackenen Vater.

*

Unbeschwert wuchs ich in den ersten Monaten auf. Zu diesem Zeitpunkt konnte noch keiner ermessen, was für eine dramatische Epoche uns allen bevor stand. Denn es sollte nicht lange dauern, bis der verheerende Zweite Weltkrieg und mit ihm eine Zeit der Ängste, Entbehrungen und Zerstörungen begann. Diese haben wir als Kinder anfangs noch gar nicht spüren und begreifen können, denn dafür waren wir zu jung und unsere Familie war weit von den eigentlichen Geschehnissen entfernt.

Unsere Soldatensiedlung neben der Kaserne lag etwa eine Stunde Fußweg von der Stadt Sorau entfernt recht idyllisch in schöner Natur. Direkt am Rande der Sorauer Heide mit einem herrlichen Waldgebiet, dem Sorauer Forst. Ein wenig entfernt verlief die Saganer Landstraße, welche die Hauptverbindung Richtung Ost/West darstellte. Sechs Doppelhäuser, in U-Form neben der Kaserne neu erbaut, bildeten die kleine Siedlung. Acht Familien wohnten jeweils in einem der Häuser mit zwei Eingängen. In der Mitte der kleinen Siedlung lag ein kleiner Park von einer Hecke eingegrenzt. Der war ein idealer Spielplatz für uns Kinder und Kinder gab es genug in der Siedlung, denn alle Familien, die hier einzogen, waren junge Familien und sorgten nach und nach für reichlich Nachwuchs. Hier spielten wir in den Sommermonaten häufig, denn Verkehr gab es nahezu keinen. Der Durchgangsverkehr befand sich auf der Saganer Landstraße.

Hinter den Häusern erstreckte sich noch eine schön angelegte Rasenflächen. Auch diese nutzten wir schon

Unsere Parterrewohnung in Sorau,
die heute von einer polnischen Familie bewohnt wird

mal als Spielfläche, denn hier waren Teppichstangen und Wäscheleinen gespannt, die wir später bei unseren Theater-Spielen mit einbezogen. An die Wäscheleinen hängten wir Wolldecken und Betttücher als Vorhänge, sodass es wie eine richtige Bühne aussah.

Seitlich an unserem Haus hatten wir noch ein paar Quadratmeter Land, die zu unserer Wohnung gehörten. Hier legte meine Mutter nach und nach einen kleinen Garten an und baute Kräuter und ein wenig Gemüse an.

*

Die Häuser unserer Siedlung waren nach neuestem Standard erbaut. Meine Eltern, als sie 1938 nach Sorau kamen, waren die ersten Mieter. Die Wohnungen selbst waren für die damalige Zeit sehr modern. Es gab bereits ein Bad mit Toilette und Badewanne. Heißes Wasser aus der Leitung war schon etwas Besonderes. Hierfür musste jedoch erst einmal der große Wasserboiler im Bad aufgeheizt werden. Trotzdem ein Luxus für diese Zeit. Eine große Wohnküche mit Gasherd, ein geräumiges Schlafzimmer, unser Kinderzimmer, das ich mir mit meiner Schwester teilen musste, und die schöne Wohnstube mit Kachelofen machten die Wohnung komplett. Im Kachelofen briet meine Mutter im Winter oft Äpfel. Ich mochte die Bratäpfel nicht besonders, aber sie verbreiteten immer einen köstlichen Duft. Und die Wärme des Kachelofens, die auch die angrenzenden Räume erfasste, ließ im Winter die Wohnung wohlig und angenehm warm werden. Alle anderen Räume mussten noch mit Kohle beheizt werden.

Meist hielten wir uns aber in der Küche auf, obwohl das Wohnzimmer der schönste Raum der Wohnung war. Mir war es aber ganz recht, denn an das dunkle Bild über der Kommode in unserer Wohnstube habe ich düstere Erinnerungen. Es machte mir immer wieder Angst. Das Bild zeigte die Gorch Fock, eines der Segelschulschiffe der deutschen Reichsmarine, auf hoher See. Irgendwie sah es furchterregend aus, wie das Segelschiff schräg in den hohen Wellen im Wasser lag.

1945 von der Sowjetunion konfisziert, lag die nicht mehr seetüchtige Gorch Fock lange im Stralsunder

Hafen. Inzwischen wurde sie für weit über 100 Millionen Euro restauriert und dient der heutigen Marine wieder als Segelschulschiff. Solch ein Bild aber und das vom Führer, das in unmittelbarer Nähe hing, gehörten bei einem Berufssoldaten wohl in jede gute Stube.

*

All diese Eindrücke prägten sich bei mir erst später ein, denn ich lag anfangs ja noch in den Windeln. Windeln aus Baumwolltüchern, die nach jedem Gebrauch wieder ausgekocht werden mussten. Eine sehr mühsame Arbeit. Für das Auskochen der Windeln, was nicht besonders appetitlich roch, hatten wir einen speziellen großen Kochtopf. Da ich noch sehr klein war, habe ich den Geruch wohl nicht wahrgenommen, als dass ich mich an ihn hätte erinnern können.

Wenn ich gebadet und gewickelt wurde, durfte meine Schwester ein wenig bei dieser Zeremonie zur Hand gehen. Das machte sie ganz stolz und es war für sie schon anders, als ihre eigene Puppe zu wickeln. Sie war wie eine kleine Mutter, die sich über die lebendige Puppe freute.

Selbst besaß sie zu dieser Zeit eine große Puppe mit Stoffkörper und einem Celluloidkopf. Doch lange hatte sie diese Puppe nicht. War meine Schwester mal verärgert, konnte sie in ihren jungen Jahren schon ganz schön aufbrausend sein. Das bekam ihre Puppe eines Tages auch zu spüren. Voller Wut schlug sie die Puppe immer auf die Stufen vor unserem Hauseingang. Das überlebte der Puppenkopf natürlich nicht und es war das Aus für ihre Puppe. Meine Mutter versuchte vergebens, einen neuen Puppenkopf zu bekommen. Doch selbst der Puppendoktor war hier ratlos, weil es damals keinen Ersatz gab. Nur gut, dass ich noch da war. Ein Glück für mich, dass sie bei mir nie solch einen Wutausbruch hatte, denn das hätte übel ausgehen können.

So vergingen die ersten Monate recht beschaulich, ohne dass ich wesentliche Eindrücke aus meiner Babyzeit widergeben kann. Mein Kinderbett stand im Schlafzimmer meiner Eltern vor deren Bett. Da mein Vater seinen Dienst in der Kaserne verrichtete, schlief er oft auch dort. So hatte ich das Privileg, neben meiner Mutter in dem Bett, in dem ich zur Welt kam, in den Kissen zu kuscheln. Da fühlte ich mich wohler als im Kinderbett. Und auch meine Schwester konnte neben uns in Vaters Bett schlafen.

Später, als ich schon ein wenig krabbeln konnte und ich im Kinderbett schlafen musste, kletterte ich bei jeder Gelegenheit über die Bettkante hinüber in Muttis Bett. Nicht ganz ohne Folgen. Es gab meine erste Schimpfe, weil es viel zu gefährlich war und ich leicht aus dem Bett hätte fallen können. Das war mir natürlich nicht bewusst. Mutter packte mich zurück in mein Kinderbett. Doch als sie wieder ins Schlafzimmer kam, lag ich bereits erneut in ihrem Bett. Immer öfters versuchte ich es und bald stellte meine Mutter ihre Bemühungen ein, mich ins Kinderbett zu legen. So schlief ich gleich neben meiner Mutter in deren Bett. Dass ich Angst hatte, allein im Kinderbett zu sein, glaube ich nicht. In dem

großen Bett war es einfach gemütlicher und in den großen Kissen konnte ich so schön träumen. „*Mutti, Mutti,
ich hab was im Kissen gesehen*", erzählte ich dann später
immer freudestrahlend von meinen Träumen, wenn ich
wach wurde. Die Richtung, in der ich klettern musste,
um in Mutters Kissen kuscheln zu können, fand ich bald
im Schlaf. Immer in Richtung des großen Bildes mit den
zwei Engeln, das mitten über dem Doppelbett meiner
Geburtsstätte hing. Ein Bild, das fast ein Muss für jedes
Schlafzimmer jener Zeit war. Auch heute sieht man dieses Motiv noch auf vielen Postern.

Die ersten Kriegsjahre

Auf den Tag genau fünf Monate nach meiner Geburt begann am 1. September 1939 der Zweite Weltkrieg. Ganz Deutschland war euphorisch über den schnellen Erfolg über Polen. In nur zwei Wochen besiegte die deutsche Armee, unterstützt von slowakischen Truppen, ohne jegliche Kriegserklärung das polnische Volk. Drei Tage nach dem Blitzüberfall erklärten Frankreich und Großbritannien im Rahmen ihrer Beistandsverträge mit Polen Deutschland den Krieg. Russland, zur Zeit noch Verbündeter der Deutschen, und Deutschland teilten Polen unter sich auf. Der Zweite Weltkrieg hatte begonnen. Noch ahnte niemand, welch ein verheerendes Ausmaß dieser Krieg annehmen würde. Ein Krieg, an dem nach und nach alle Großmächte des 20. Jahrhunderts beteiligt waren. Ein Krieg, der nahezu sechs Jahre dauern sollte und als *Bombenkrieg* eine neue Dimension der Kriegsführung hatte. Er tötete nicht nur Soldaten an der Front, sondern auch gezielt Zivilisten im Hinterland. Historisch ein beispielloser Angriff auf die Menschlichkeit. Weltweit kosteten die jahrelangen Kämpfe mehr als 50 Millionen Menschen das Leben. Neben der Vernichtung von unzähligen Menschenleben waren durch die Zerstörung ganzer Städte und historischer Kleinode ganze Regionen unwiederbringlich ausgelöscht.

Durch die Mobilmachung wurden bald alle wehrpflichtigen Männer einberufen. Auch die Soldaten unserer Siedlung wurden teilweise versetzt oder mussten an die Front. So war kurze Zeit später unsere Soldatensiedlung nur noch ein Ort alleinerziehender Frauen.

Auch mein Vater wurde versetzt. Meine Mutter war heilfroh, dass er nicht an die vorderste Front musste. Wo genau er jetzt seinen Dienst fürs Vaterland absolvierte, wusste ich nicht. Einige Zeit später war er dann in Hirschberg im Riesengebirge, wo wir ihn auch einmal im Winter einige Tage besuchten. Mein Vater hatte uns dort ein schönes Quartier besorgt. Wir wohnten in einer Pension, die an einem Berg lag. Wenn er dienstfrei hatte, holte er uns ab und zusammen gingen wir dort spazieren. Ich weiß noch, es war sehr kalt. Es lag hoher Schnee und die Straßen waren recht glatt. Weil die Straße, an der unsere Pension lag, ziemlich abschüssig war und auch besonders glatt, hatte meine Mutter riesige Angst, hinzufallen. Meine Schwester fand das wohl witzig, als meine Mutter wie auf Eiern ging.

*

In der darauf folgenden Zeit sah ich meinen Vater sehr selten, was für ein heranwachsendes Kind nicht gerade dienlich ist. Nur ein paar Mal kam er einige Tage auf Fronturlaub. Er ist mir damals eigentlich immer fremd geblieben.

Andere Ereignisse prägten nun eher mein junges Leben. Für mich waren aber die ersten Jahre trotz der ständig zunehmenden Einschränkungen, die sich nach und nach durch den Krieg bemerkbar machten, unbeschwert. Inzwischen gab es für jeden Volksgenossen, wie damals die Leute in Deutschland bezeichnet wurden, eine Lebensmittel- und eine Kleiderkarte. Außerdem für besondere Anschaffungen Bezugsscheine, wie zum Beispiel für Kohlen für den Winter oder für ein Verdunklungsrollo wegen der feindlichen Luftangriffe. Doch von den Bombardierungen bekamen wir in unserem verträumten kleinen Städtchen zunächst nicht viel zu spüren.

Da aber meine Eltern von Anfang an einen guten Kontakt zu unserem Lebensmittelhändler und Metzger aufgebaut hatten, gab es auch hier und da mal was außer der Reihe, ohne dass wir dafür Lebensmittelmarken einsetzen mussten. Uns ging es für die damaligen Verhältnisse also recht gut. Unseren Einkauf konnten wir nur in der Stadt tätigen, da es nahe der Siedlung keine Geschäfte gab. Hatten wir viel zu schleppen, fuhren wir mit dem Taxi zurück. Später ging das nicht mehr, weil auch das Benzin rationiert wurde und die Taxifahrer inzwischen wohl an der Front waren.

Zur Erntezeit konnten wir uns mit ein wenig frischem Gemüse, Salaten und Kräutern aus unserem kleinen Garten versorgen. Im Herbst schickte uns unsere Oma aus Kassel, die ja einen großen Garten hatte, zusätzlich immer einen riesigen Weidenkorb mit Obst und Gemüse. Der in einem Jutesack eingepackte Korb kam per Express und mit unserem Bollerwagen holten wir ihn vom Bahnhof ab. Auf dem Hinweg wurde mir das Vergnügen zuteil, im Wagen zu sitzen. Doch zurück hatte auch ich einen langen Fußweg zu absolvieren. Allerdings musste ich nicht den Wagen ziehen.

Nun hatten wir für die nächste Zeit reichlich Obst und Gemüse, aber für meine Mutter bedeutete das wiederum Arbeit. Damit die Sachen nach der langen Reise nicht verdarben, musste gleich alles verarbeitet und in Gläser eingekocht werden. Dafür besaßen wir einen Extra-Wecktopf. Hier hinein kamen die gefüllten Gläser. Mit Gummiring und Deckel wurden sie verschlossen. Als ich schon größer war, durfte ich dann

Meine Mutter, meine Schwester und ich
auf der Bleiche meiner Großeltern in Kassel

die Klammern, welche die Deckel fest auf die Gläser drückten, befestigen. Ich war stolz, dass ich schon so gut mithelfen konnte. Mutter setzte den großen Topf auf den Gasherd, bedeckte die Gläser bis zum Rand mit Wasser und ließ das Wasser so lange kochen, bis sich in den Gläsern ein Vakuum gebildet hatte. So war das Eingeweckte lange haltbar und versorgte uns über den Winter mit gesunden Lebensmitteln.

Meine Großmutter aus Kassel besuchte uns in den ersten Jahren mehrmals in Sorau und brachte dann immer Obst und Gemüse aus eigener Ernte mit und im Winter, wenn sie geschlachtet hatten, meist auch Wurst und Speck. So oft es ging, waren wir für eine längere Zeit bei meinen Großeltern in Kassel. Meine Mutter war dann immer glücklich, wieder in ihrer alten Heimat zu sein, weil sie sich in der Niederlausitz nie zu Hause fühlte. Vor allem die großen Schulferien meiner Schwester nutzten wir für die Reise nach Kassel.

Die Großeltern hatten nicht nur einen großen Garten, sondern auch Hühner, Kaninchen und ein Schwein sowie ein Stück Land, auf dem Kartoffeln und Roggen geerntet wurden. Auch geschlachtet wurde jedes Jahr, sodass wir ausreichend Essen hatten, was für viele Städter meist nicht zutraf. Die mussten mit dem Wenigen, was sie auf ihre Lebensmittelkarten bekamen, auskommen.

*

Abwechselnd mit meiner Großmutter aus Kassel besuchten uns meine Großeltern väterlicherseits aus Marburg. So auch Ostern 1942. Unser Marburger Großvater war immer zu Scherzen aufgelegt. Das sollten wir bei unserem Osterausflug deutlich zu spüren bekommen. Er ging mit meiner Schwester und mir in den Sorauer Forst zum Ostereiersuchen. Dort sollte der Osterhase viele bunte Eier versteckt haben, erzählte er uns. Meine Schwester hatte ein Körbchen dabei, das mit einem Tuch abgedeckt war. Den Grund dafür sollte ich erst später erfahren. Großvater versteckte bei unserem Spaziergang durch den Wald heimlich die bunten Eier im Moos. Er sagte dann: *„Schau doch mal da"*. So gab er mir immer Tipps, wo ich suchen sollte. Diesen Trick durchschaute ich natürlich nicht. Ich war stolz, wenn ich die Eier, die letztlich der Osterhase brachte, fand. Mir fiel gar nicht auf, dass die Ostereier meist gleich aussahen.

Schließlich kamen wir an einem Holzhäuschen vorbei. Großvater in seiner spaßigen Art wollte uns wohl Angst machen und sagte, dass in dem Häuschen eine Hexe wohne. Plötzlich gab es einen lauten Knall. Wir erschraken furchtbar. Doch Großvater amüsierte sich köstlich. Ich bekam Angst, heulte und wollte nach Hause. Zum Eiersuchen hatte ich keine Lust mehr. Später erzählte mir dann meine Schwester, dass Opa einen Stein an die Bude geworfen hatte, um uns aus Spaß zu erschrecken. Und dass in dem Holzhaus gar keine Hexe wohne, sondern die Waldarbeiter vom Sorauer Forst ihre Geräte dort aufbewahrten. Dass er uns so Angst einjagte, fand ich recht gemein von ihm. Als dann meine Schwester mir auch noch verriet, dass es gar keinen Osterhasen gibt und mein Großvater es war, der immer die selben drei Eier versteckt hatte, war ich schon böse auf ihn. Aber er lachte nur, als wäre nichts gewesen.

*

Bald wurde es Sommer und wir konnten endlich in der Sorauer Badeanstalt am Schoberteich baden gehen. Meist kam auch unsere Nachbarin, die bei meiner Geburt dabei war, mit ihrer Tochter, die Freundin meiner Schwester, mit zur Badeanstalt. Der Schoberteich ist auch heute noch der erste von sieben hintereinander liegenden Karpfenteichen, die vom Schoberbach durchflossen werden. Der Wasserstand des Schoberteiches sorgte für einen ausreichenden Pegel in der Badeanstalt, an der auch die Ausflugsgaststätte „Hermanns-Bleiche" lag.

Das Badeufer mit einem feinsandigen Strand war recht flach. So konnten auch die kleinen Badegäste problemlos planschen. Es hielten sich viele Menschen hier am Badesee auf, denn es war weit und breit die einzige Badeanstalt und die Ausflugsgaststätte war sehr bekannt. Meine Schwester tobte mit ihrer Freundin im Wasser herum. Das wollte ich natürlich nachmachen. Auf dem Bauch im Sand liegend, die Beine im Wasser in den See gestreckt, strampelte ich fröhlich vor mich hin. Ich war so begeistert, dass ich mit meinen drei Jahren schon schwimmen konnte, und rief lauthals zu meiner Mutter: „Mutti, Mutti, ich kann schwimmen!"

Während meine Schwester mit ihrer Freundin Ball spielte, konnte ich in Ruhe mit Eimerchen und Schaufel im Sand „Kuchen" backen. Mutter saß mit unserer Nachbarin auf einer Wolldecke und beide schauten uns zu. Für uns Kinder war der Badesee paradiesisch.

Wir stärkten uns mit dem Imbiss, den meine Mutter eingepackt hatte: meist Kartoffelsalat und Würstchen oder Frikadellen. Auch Kuchen nahm sie oft mit, denn viel zu kaufen gab es in der Gaststätte während des Krieges nicht. Trotzdem gaben wir nicht eher Ruhe, bis unsere Mutter uns Kindern ein Eis aus dem Lokal holte. Später war auch dies nicht mehr möglich, weil die Waren, welche die Gaststätte zu bieten hatte, mit zunehmender Kriegsdauer immer mehr rationiert wurden.

Unser Heimweg führte ein Stück durch den Wald, und wenn die Sonne durch das Laubdickicht schien, machten wir uns einen Spaß daraus, immer von Lichtfleck zu Lichtfleck zu springen.

Ich schaffte aber nur ein Stück des Weges. Den Rest der Strecke packte mich meine Mutter in den Bollerwagen, weil ich doch ganz schön vom Planschen und von den Schwimmbemühungen erschöpft war. Meine Schwester sollte mich ziehen, doch das passte ihr gar nicht. So zog mich meine Mutter.

*

Nach den Sommerferien fing für meine Schwester wieder die Schule an. Wenn wir in Sorau waren, ging sie dort zur Schule, obwohl sie ja in Kassel eingeschult worden war. Der Grund dafür war wohl das Heimweh meiner Mutter. Sie versuchte, seitdem mein Vater nicht mehr in der Kaserne in Sorau stationiert war, so oft es ging in Kassel zu sein. Dadurch ergab sich für meine Schwester ein ständiger Schulwechsel, was für sie nicht immer leicht war.

Die Schule in Sorau war in der Stadt und der Fußweg war recht lang. Ein Auto besaßen wir nicht mit dem meine Mutter meine Schwester hätte zur Schule fahren können. Autos hatten nur wenige Privatpersonen. Einen Marsch von jeweils einer guten Stunde musste meine Schwester zweimal zurücklegen. Zuhause angekommen, war sie immer todmüde. Hausaufgaben waren auch noch zu machen. Deshalb hatte sie meist wenig Lust und Zeit, mit mir zu spielen. Oft war sie auch genervt von ihren Mitschülern, die es nicht verstehen konnten, dass sie nicht dauerhaft in Sorau zur Schule ging, stattdessen so häufig fehlte.

Wenn sie aber gute Laune hatte, las sie mir schon mal etwas aus unseren Kinderbüchern vor. Lesen hatte sie inzwischen in der Schule gelernt. Oft las sie mir Geschichten oder Märchen vor, wenn wir schon im Bett lagen. Das mochte ich besonders, weil ich dann nicht gleich einschlafen musste. Manchmal versteckten wir uns unter der Bettdecke. Damit sie beim Vorlesen auch etwas sehen konnte, nahmen wir die Nachttischlampe mit unter die Decke. Ich hörte mir dann die Geschichten an, die mir meine Schwester vorlas. Doch das Verstecken unter der Decke war meist spannender als das Vorlesen und die Geschichten selbst. Lange ging das aber nicht gut. Unsere Mutter war sehr verärgert, als sie entdeckte, dass wir die Lampe mit unter die Decke genommen hatten. Die Bettdecke hätte leicht brennen können. Das sah auch meine Schwester sofort ein und nahm nie mehr die Nachttischlampe mit unter die Decke.

Das Märchen von Hänsel und Gretel fand ich wegen der Hexe immer sehr spannend, weil es darin, wie bei uns, um Schwester und Bruder ging. Doch mein Lieblingsstück der vielen Märchen war das von der Hasenschule. Das Bilderbuch mit den Versen, die von Albert Sixtus stammen, konnte ich nicht oft genug hören.

> *„Kinder", spricht die Mutter Hase,*
> *„putzt euch noch einmal die Nase*
> *mit dem Kohlblatt-Taschentuch.*
> *nehmt nun Tafel, Stift und Buch,*
> *tunkt auch eure Schwämmchen ein!*
> *Sind die Pfötchen rein?"*
> *„Ja!" - „Nun marsch, zur Schule gehn!"*
> *„Mütterchen auf Wiedersehn!"*
>
> *Hasenhans und Hasengretchen*
> *gehen lustig Pfot' in Pfötchen*
> *um die sechste Morgenstund',*
> *durch den bunten Wiesengrund.*
> *Viele andere Hasenjungen*
> *kommen schnell herbeigesprungen.*

Auf dem Rücken sitzt das Ränzchen,
hinten wippt das Hasenschwänzchen.

Obwohl dieses einprägsame Gedicht sechs Strophen hat, brauchte meine Schwester meistens nicht weiter als bis zur zweiten Strophe zu lesen, denn dann war ich schon eingeschlafen. Deshalb sind mir das Kohlblatt-Taschentuch und die Passage mit dem Schulweg am meisten von der Hasenschule in Erinnerung geblieben. Denn auch ich wollte wie meine Schwester gern zur Schule gehen und einen Ranzen auf dem Rücken tragen.

*

Im Juli war die Zeit der Heidelbeerernte. Im Wald lockten dann die süßen Waldheidelbeeren, die bekanntlich geschmackvoller als die gezüchteten sind. Im Sorauer Forst gab es reichlich davon. Mit Eimer und Schüssel bestückt marschierten meine Mutter, meine Schwester und ich in den nahe gelegenen Wald. Es schien die Sonne und es war drückend heiß. Wir waren froh, als wir den Wald erreichten, denn hier war es angenehm kühl.

Ich hatte meinen grünen Panzer, den ich zu Weihnachten bekommen hatte, mitgenommen. Das war ein toller Panzer. Man konnte ihn mit einem Schlüssel aufziehen. Dann fuhr er selbstständig und aus dem Kanonenrohr sprühten Funken. Die kamen von dem Feuerstein, den man einbauen musste.

Natürlich wollte ich beim Pflücken mithelfen. Ich hatte mein Eimerchen dabei, mit dem ich auch am Badesee spielte. So wie meine Mutter und meine Schwester es machten, pflückte auch ich fleißig die süßen Beeren. Immer weiter bewegten wir uns durch Farnkraut, Moos und Heidelbeersträucher beim Suchen nach den Beeren. Ich war so in das Pflücken vertieft, dass ich dabei meinen Panzer irgendwo stehen ließ.

Als meine Mutter und meine Schwester ihre Gefäße mit Beeren gefüllt hatten, machten wir eine kleine Pause nach dem anstrengenden Pflücken. Dann traten wir den Heimweg an. Wir waren schon fast zu Hause, als ich bemerkte, dass ich meinen Panzer gar nicht dabei hatte. Ich war ganz aufgelöst und wollte sofort zurücklaufen. Da wir kurz vor unserem Haus waren, brachten wir zunächst Eimer und Schüssel nach Hause, um dann wieder im Wald nach dem Panzer zu suchen. Der Weg zurück in den Wald war diesmal nicht so beschwerlich, weil es sich inzwischen etwas abgekühlt hatte. Eine Zeit lang durchsuchten wir das Gelände Busch für Busch, in dem wir die Beeren gepflückt hatten, nach dem Panzer ab. Wir fanden ihn aber nicht, denn eine Stelle sah wie die andere aus. Wir mussten die Suche erfolglos abbrechen.

Zu Hause angekommen, zuckerte meine Mutter die frisch gepflückten Beeren zum Nachtisch ein. Doch ich wollte keine. Zu sehr beschäftigte mich der Verlust meines geliebten Panzers. Am nächsten Tag kochte meine Mutter Heidelbeermarmelade und von den restlichen Heidelbeeren backte sie einen Kuchen, den mochte meine Schwester besonders gern. Sie liebte Heidelbeerkuchen. Trotz meines Kummers aß ich dann doch ein Stück von dem Kuchen. Er schmeckte wirklich gut. Über den Verlust meines Panzers war ich trotzdem noch nicht hinweg. Noch ein zweites Mal gingen wir in den nächsten Tagen in den Wald, um nach meinem Panzer zu suchen. Alles vergebens.

*

Abwechslung hatten wir wieder, als wir im August 1942 meine Großeltern in Kassel besuchten. Da aufgrund der Kriegsverhältnisse nicht mehr so viele Züge fuhren, ging unsere Reiseroute diesmal über Berlin. Eine lange Bahnfahrt lag vor uns, vor allem weil wir meist nachts fahren mussten, da die Züge am Tage oft von feindlichen Fliegern beschossen wurden. Ich fand das nachts immer recht spannend. Nicht nur weil ich dann nicht ins Bett musste. Nein, in dem Zugabteil war es recht interessant, weil es darin fast dunkel war. Nur Blaulichtlampen an der Decke gaben ein diffuses Licht ab, sodass man die Mitreisenden kaum erkennen konnte. Die schwach beleuchteten Züge waren aber so von den Tieffliegern kaum zu erkennen.

Oft waren auch Landser auf Fronturlaub mit im Abteil. Die erzählten manchmal von ihren Erlebnissen, wo sie gekämpft hatten, wen sie in der Heimat besuchen wollten und dass sie froh waren, mal für eine Zeit nicht an der Front zu sein. Doch davon verstand ich noch nicht viel.

Meist war es sehr ruhig im Abteil, weil die Fahrgäste oft schon lange Strecken hinter sich hatten und schlafen oder nur vor sich hinträumen wollten. Außerdem waren die Holzsitze auch nicht die bequemsten, da man meist nur 3. Klasse fuhr. Gepolsterte Sitze gab es nur in der teureren 1. und 2. Klasse.

Ich war noch hellwach und plapperte putzmunter drauflos, denn ich wollte beschäftigt sein. An einen Kinderreim kann ich mich noch gut erinnern. *„Immchen, bimmchen, Zuckerklümpchen, immchen, bimmchen, aus"*, zählte ich die einzelnen Personen ab. Ich zeigte mit dem Finger beim Abzählen auf die Fahrgäste und freute mich, wenn ich beim Wort *„aus"* nicht auf mich zeigen musste. Dann hätte ich nämlich verloren und das wollte ich nicht. Um mich nicht zu enttäuschen, machten die anderen Fahrgäste das Spiel wohl oder übel mit.

Mit der Zeit wurde auch dies langweilig und ich fing an zu erzählen, wohin unsere Reise ging. Ich plapperte munter drauf los und verriet, dass wir Oma und Opa in Kassel besuchen wollten. Fleißig erzählte ich von meinen Großeltern, woran ich mich noch von meinem letzten Besuch erinnern konnte. *„Meine Oma hat fünf Hühner und noch eins dabei"*, zählte ich an den fünf Fingern einer Hand ab und hielt von der anderen Hand den Daumen dazu. *„Und Kaninchen und ein Schwein haben sie auch"*, berichtete ich munter weiter.

Doch meiner Mutter war das sehr peinlich, denn in dieser Zeit war es besser, wenn man nicht alles preisgab. Es musste auch nicht jeder wissen, wie

Plakate dieser Art
waren an allen öffentlichen Stellen zu sehen

man dachte und was man besaß. Dass meine Mutter deshalb meine Plauderei stoppen wollte, das konnte ich noch nicht verstehen. Schon gar nicht den Sinn des Propagandaplakats mit einem dunklen Mann mit Hut im Hintergrund und der Aufschrift darauf „*Feind hört mit*", das im Zug an der Wand hing. Plakate dieser Art sah man an vielen Orten. Die Aufschrift war zweideutig zu verstehen, denn vordergründig war der Feind des Deutschen Reiches damit gemeint. Doch der Denunziant war oft in den eigenen Reihen, wenn man eine andere Meinung zum Hitler-Regime hatte, was oft Konsequenzen nach sich zog.

*

In Kassel angekommen, holte Oma uns vom Bahnhof ab. Der war nicht weit von ihrem Haus entfernt. Als wir das Haus meiner Großeltern erreicht hatten, steckte Mutter mich erst einmal ins Bett, da ich von den Strapazen der Reise todmüde war.

Am nächsten Tag war ich ausgeschlafen und durfte mit den Kaninchen spielen und die Hühner füttern. Doch mit den Kaninchen war es irgendwie komisch. Immer wenn ich sie streicheln wollte, sprangen sie einfach auf die andere Seite. Auch sahen sie ganz anders aus als die Hasen in dem Märchenbuch, aus dem mir meine Schwester immer vorlas. Mit den Hühnern war es meist einfacher. Die setzten sich, wenn ich schnell hinterher lief, hin und dann konnte ich sie anfassen und streicheln.

Da im August die Erntezeit begann, nahmen mich unsere Großeltern mit ins *„Lange Feld"*, wo sie ihr Land mit Kartoffeln und Roggen hatten. Das Korn war reif und wurde gemäht. Das Mähen mit einer Sense war die Arbeit meines Großvaters. Darin war er ganz geschickt. Toll war es anzusehen, mit welcher Geschwindigkeit er zwischendurch das Sensenblatt mit einem Wetzstein schärfte.

Die anderen Erwachsenen, die zum Helfen mitgekommen waren, bündelten das Korn und stellten es wie kleine Zelte auf. Es waren Nachbarn und Bekannte, die ebenfalls ein kleines Stück Land bewirtschafteten. So half man sich gegenseitig. Wir Kinder spielten in den Korngarben Verstecken, indem wir uns darin verkrochen.

Mittags gab es Vesper für alle. Mutter breitete am Feldrand eine Plane aus. Darauf deckte sie den „*Tisch*". In einem großen Weidenkorb war das Essen verpackt. Großmutter hatte mit Brot, Wurst, Schinken und ein paar Äpfeln ein deftiges Essen zusammengestellt. Als Standardgetränk gab es den Ersatzkaffee „*Lindes*".

Der Bauer, dem meine Großeltern auch bei der Ernte halfen, holte das Getreide später ab und brachte es zum Dreschplatz. Hier ließen alle Kleinbauern oder die Leute mit einem kleinen Stück Land ihr Getreide dreschen. Fuhrwerk für Fuhrwerk, hochbeladen mit den Getreidegarben, reihte sich hinter der Dreschmaschine auf. Vom Wagen aus warf man die Getreidebündel von oben in die Maschine. Das war eine staubige Angelegenheit. Auf der Vorderseite der Dreschmaschine rieselte das Korn heraus, das in Säcken aufgefangen wurde. Aus dem hinteren Ende der Maschine kam das gedroschene Stroh zu Ballen gebündelt zum Vorschein. Säcke und Strohballen wurden auf den Leiterwagen geladen. Das musste schnell gehen, denn das nächste Fuhrwerk stand schon bereit. Der Bauer fuhr das gedroschene Korn anschließend zur Mühle zum Mahlen. Die Strohballen brachte er meinen Großeltern nach Hause. Dort wurden sie mit einer Seilwinde durch die Dachluke auf den Boden befördert. Das Stroh brauchte Großvater als Streu für den Schweinestall. In der Mühle wog der Müller das Korn und trug das Gesamtgewicht in Opas Mehl-Buch ein. Nun konnte er von Zeit zu Zeit zur Mühle gehen und sich Mehl holen. So lange, bis das gelieferte Roggen-Kontingent aufgebraucht war.

Das in der Mühle abgeholte Mehl kam nun zum Bäcker. Auch hier gab es ein Buch, in dem die Menge an Mehl eingetragen wurde. Für die gelieferte Menge Mehl backte der Bäcker uns Brot. Das waren immer große Sechspfünder. Bezahlen musste man nur den Backlohn. Ich ging gern mit zum Bäcker, denn der hatte tolle *Amerikaner* mit Zuckerguss für einen Groschen. Was Amerikaner in Wirklichkeit waren, sollte ich erst noch erfahren.

*

Einige Tage später erlebte Kassel in der Nacht vom 27. auf den 28. August 1942 einen der ersten großen Bombenangriffe. Zunächst hatte wohl kaum einer eine Vorstellung davon, welche furchtbaren Auswirkungen der Krieg auch in der Heimat verursachen könnte. Gerade Kassel war fortan von diesen Bombardements stark betroffen, da es hier mehr als 20 Rüstungsbetriebe gab. Das bekam die Bevölkerung nun erstmals selbst drastisch zu spüren.

In dieser Nacht kam es zu einem der großen Angriffe auf Kassel. Mehrere Hundert Bomber griffen das Stadtgebiet an. Fabriken, militärische Einrichtungen, Krankenhäuser und auch viele Wohnhäuser wurden zerstört. Es gab Tote und viele Verletzte. Doch dies sollte erst der Anfang schwerer Bombenangriffe auf Kassel sein. Die Fluggeschwader kamen meistens nachts, weil da die feindlichen Flieger besseren Schutz vor der Flakabwehr hatten. Unheimliches Brummen der Bomber dröhnte dann in der Luft. Ohrenbetäubende Sirenen der Luftabwehr kündigten die Angriffe an, um die Bewohner zu warnen, damit sie noch rechtzeitig die Luftschutzbunker aufsuchen konnten.

In Vorbereitung auf den Zweiten Weltkrieg waren ab den 30er Jahren zivile Luftschutzbunker gebaut worden. Oft dienten aber auch nur die Kellerräume in Privathäusern als Zuflucht, was natürlich nicht sehr sicher war. Dort, wo sich Bunker befanden, waren die Kellersockel der Häuser mit weißer fluoreszierender Farbe entsprechend gekennzeichnet. So fand man auch im Dunkelen oder bei eventuellem Stromausfall die Luftschutzbunker.

Um auch im Dunkeln die Angriffsziele finden und markieren zu können, warfen spezielle Begleitbomber der Angreifer Leuchtmittel ab. Der Himmel war dadurch für kurze Zeit taghell. Mein Großvater sagte dann immer, wenn die Lichter zur Erde fielen, es regnet „Christbäume" vom Himmel. So ergab sich aber auch für die Soldaten von der Flakabwehr die Gelegenheit, die Angreifer ins Visier zu nehmen. Wir Kinder fanden das mit den Christbäumen sehr aufregend, hatten aber keine Vorstellung, welche Ängste und Sorgen dies der Bevölkerung bereitete. Jeden konnte es treffen, egal ob man es mit dem Leben oder mit Hab und Gut bezahlen würde.

Auch meine Großeltern und meine Mutter waren an jenem Abend in heller Aufregung. Es wurde höchste Zeit, den Luftschutzbunker aufzusuchen. Für diese Situation stand immer ein Koffer mit den nötigsten Dingen bereit. Ausweise, wichtige Dokumente, etwas Geld und ein wenig Kleidung beinhaltete der Koffer. Meine Schwester und ich hatten auch zwei kleine Koffer. Doch deren Inhalt wich von dem der Erwachsenen erheblich ab. Nur was für uns wichtig war, hatten wir vorher in unsere Koffer gepackt. Ein paar Kleidungsstücke und natürlich unsere Lieblings-Spielsachen. Sollte wirklich das eigene Haus niedergebombt werden, hatte man wenigstens noch ein paar Kleidungsstücke zum Wechseln, denn zu kaufen gab es kaum noch etwas. Dass darüber hinaus auch die wesentlichsten Dokumente in Sicherheit gebracht wurden, war elementar wichtig.

Meine Mutter weckte uns eilig. Wir Kinder hatten schon ein wenig geschlafen. Schlaftrunken zogen wir uns an. Mutter half mir, weil ich viel zu langsam war. Meine Schwester war da schneller. Sie holte geschwind unsere Köfferchen und dann waren wir startbereit, um den Luftschutzbunker aufzusuchen.

Das Dröhnen der Bomber wurde immer lauter. Aus vielen Richtungen der Stadt war das markerschütternde Heulen der Sirenen zu hören. Immer wieder und immer wieder. Alleine das Geräusch versetzte die Menschen schon in Panik und Hektik. Meine Mutter fasste uns beide an die Hand und stürmte mit uns aus dem Haus. Meine Großmutter mit ihrem Koffer hinterher. Großvater kam als Letzter aus dem Haus und zog die Tür hinter sich zu.

Abgeschlossen wurde nicht, denn Einbrecher brauchte man nicht zu befürchten. Falls ein Haus getroffen werden sollte und es war nicht abgeschlossen, so konnten

Helfer schnell in das offen stehende Haus, um zu retten, was noch zu retten war. Oder um Menschen, die nicht in den Bunker gegangen waren, aus den Trümmern zu bergen.

Da sich das Haus meiner Großeltern am südlichen Stadtrand befand und es auf dieser Seite der Stadt kaum Industrie und weniger Rüstungsbetriebe gab, war diese Wohngegend nicht ganz so gefährdet. Trotzdem rannten wir um unser Leben. Durch einen schmalen Weg zwischen unserem und den Nachbargrundstücken kamen wir direkt auf die Hauptstraße, die Richtung Frankfurt führt. Hier war gleich eine Kaserne mit einem Wehrmachtsdepot, in der sich auch ein Luftschutzbunker befand. Alle rannten, so schnell sie konnten, die Stufen hinunter, um sich in dem tiefer gelegenen Schutzraum in Sicherheit zu bringen. Ein Luftschutzwart und ein weiterer uniformierter Mann standen am Eingang des Gebäudes, in dem sich der Bunker befand und verfolgten die Szenerie. Letzterer war wohl der Blockwart aus unserer Nachbarschaft, der für einen reibungslosen Ablauf sorgen wollte. Trotz der Panik ging alles sehr diszipliniert vonstatten, so als wäre es ein trainierter Vorgang.

Blockwarte, später auch Blockleiter genannt, waren im Nationalsozialismus die rangniedrigsten Funktionäre der damaligen Arbeiterpartei. Für rund 50 Haushalte waren diejenigen, die im kleinen Umfeld Recht und Ordnung überwachen sollten, verantwortlich. Nicht nur, dass sie für Hilfswerke sammelten oder Lebensmittelkarten verteilten, sondern sie überwachten auch die Bevölkerung, ob sie regimekritisch war, ob sie die Luftschutzordnungen einhielt, bei Luftangriffen die Fenster verdunkelte oder zu bestimmten Anlässen die Hakenkreuzfahne an den Häusern hisste. Sie waren im Wesentlichen die Verbindungsglieder bis hin zum letzten Bürger für die Partei verbunden. Bei der Bevölkerung jedoch nicht sehr beliebt und viele Funktionäre nahmen ihre Position so wichtig, dass man sie auch als *„Treppenhausterrier"* bezeichnete. Auch hier kam der Hinweis *„Feind hört mit"* symbolisch zum Tragen.

„Ist denn noch jemand bei euch im Haus?" fragte eine Nachbarin, die sich erschöpft auf der Bank neben meiner Oma niederließ. Das verneinte meine Großmutter und meinte, die Mieter aus dem ersten Stock ihres Hauses wären zur Zeit auf dem Lande bei ihren Verwandten. Das machten in dieser Zeit viele Familien, wenn sie die Möglichkeit hatten, den Bombenangriffen zu entgehen.

Auch wir setzten uns auf eine der Bänke nebeneinander. Schnell war der Luftschutzbunker mit vielen Leuten besetzt, mit unseren Nachbarn, aber auch mit anderen Leuten und Soldaten, die wir nicht kannten. Dann verbreitete sich eine unheimliche Stille. Nur ein Baby schrie, weil es wohl aus dem Schlaf gerissen worden war. An der Tür stand der Luftschutzwart neben dem Blockwart und ein weiterer Soldat in Uniform gesellte sich dazu. Er hatte eine Gasmaske in der Hand. Die Gasmaske setzte er aber nicht auf. Er musste wohl ein Soldat aus der Kaserne sein, denn meine Großeltern kannten ihn nicht.

Die Zeit im Bunker schien uns unendlich. Meine Schwester hielt ihre Puppe im Arm, ich spielte mit meinem kleinen Auto, das ich aus meinem Koffer hervorgekramt hatte. Wir sprachen aber kein Wort. Ich glaube, irgendwie haben wir doch den Ernst der Lage gespürt. Alle waren mucksmäuschenstill. Nur leise hörte man hier unten im Bunker das Brummen der feindlichen Bomber. Es mussten unheimlich viele sein. Der Luftschutzwart ging in dieser Zeit mehrmals nach draußen. Als er nach langer Zeit mal wieder durch die Tür kam, sagte er, dass der Angriff vorüber sei. Langsam bewegten sich die Leute Richtung Ausgang in der Hoffnung, dass ihr Zuhause von dem Angriff verschont geblieben war. Nun konnte man auch die Entwarnung durch die Sirenen hören. Bei uns im Umfeld war wohl nichts passiert. Wir gingen alle nach Hause. Doch die Stimmung auf dem Heimweg war sehr deprimierend. Keiner sprach ein Wort. Nachher erfuhren wir, dass dieser Luftangriff vergleichsweise glimpflich verlaufen war. Es hatte aber trotzdem mehrere Tote und sehr viele Verletzte gegeben. Nicht nur in den nördlichen Teilen der Stadt, wo die meisten Rüstungsbetriebe lagen, brannte es lichterloh. Auch in der Altstadt, wo nahezu nur Fachwerkhäuser dicht bei dicht standen, wurden einige Opfer der Brandbomben. Wenn Brandbomben abgeworfen wurden, gingen diese Häuser aus Holz und Lehm schnell in Flammen auf und diese sprangen auf die Nachbarhäuser über – ein Inferno als Flächenbrand entwickelte sich. Hier musste immer zuerst gelöscht werden.

Zu Hause angekommen, überprüfte Großvater erst einmal, ob mit dem Haus alles in Ordnung war. Von diesem Angriff waren wir verschont geblieben. Wir versammelten uns alle in der Küche. Großvater steckte sich eine Zigarre an. Er musste sich wohl erst einmal entspannen, denn er war in solchen Situationen immer sehr besorgt, dass uns etwas passierte. Bald darauf legte uns unsere Mutter wieder ins Bett. Es war schließlich noch Nacht. Doch an Schlaf war für uns nicht zu denken, dafür waren wir alle noch viel zu sehr aufgewühlt. Auch die Erwachsenen blieben noch eine Zeit lang wach. Was aber wirklich an diesem Abend geschehen und welch ein Leid über die Stadt gekommen war, war mir damals nicht bewusst. Für mich in meinen jungen Jahren war das nur ein kleines Abenteuer.

*

Bei Bombenangriffen gingen unsere Großeltern nicht immer in den Luftschutzbunker der Kaserne. Wie viele andere Bewohner suchte man oft Schutz im eigenen Keller, immer in der Hoffnung, dass das eigene Haus nicht getroffen oder vielleicht nur leicht beschädigt würde. Einmal jedoch hatten meine Großeltern nicht so viel Glück. Eine Brandbombe traf bei diesem Angriff das Dach. Meine Großeltern, die sich im Keller befanden, hörten einen lauten Knall. Sofort war klar, dass das Haus getroffen worden war. Beide liefen raus, konnten aber nicht viel sehen. Es war wieder stockdunkel. Einer Eingebung folgend, rannte Großvater hoch zum Dachgeschoss, wo er einen Einschlag vermutete. Er sah sofort das große Loch im Dachstuhl und zwischen den zerschlagenen Dachziegeln die kleine Stabbrandbombe. Großvater hatte noch von seiner Dienstzeit als Soldat im ersten Weltkrieg ein wenig Erfahrung mit Bomben, Waffen und Munition. Er merkte sofort, dass die Bombe glücklicherweise nicht zerborsten war. Auch die Decke zum Obergeschoss hatte sie nicht durchschlagen. Geistesgegenwärtig nahm er sie und schleuderte sie durch das nun offene Dach weit hinaus in den Garten. Gleich darauf vernahm er die Detonation. Doch großen Schaden richtete die Explosion im Garten nicht an. Nur ein kleineres Loch tat sich auf und ein wenig Gras rundherum war verbrannt. Eine kleine Flamme züngelte noch ein wenig vor sich hin. Großvater handelte sehr mutig, doch solche Gefahren kannte er bereits, denn schließlich war er vier Jahre als Soldat im Krieg gewesen. Bei diesem Angriff hatten meine Großeltern trotz des kaputten Daches viel Glück. Wäre die Brandbombe explodiert, hätte das ganze Dach in Flammen stehen können, weil das Stroh von der letzten Ernte auf dem Boden lagerte. Am nächsten Tag begann Großvater gleich damit, das Loch im Dach wieder zu schließen. Die zerborstenen Ziegeln musste er austauschen. Glücklicherweise hatte er beim Bau des Hauses einige aufgehoben. Auch die Verlattung hatte es erwischt, die er erst einmal notdürftig herrichtete.

*

Wieder zu Hause in Sorau, kaum hatte sich meine Mutter von der Reise aus Kassel erholt, stand große Wäsche an. Das war für sie jedes Mal ein enormer Aufwand und Kraftakt. In unserem Haus gab es insgesamt vier Mietwohnungen. Deshalb war nur alle vier Wochen eine der vier Familien mit der großen Wäsche an der Reihe. So sammelte sich immer eine Menge Wäsche an.

An solch einem Tag stand meine Mutter schon um vier oder fünf Uhr morgens auf, um die anstehende Arbeit auch bewältigen zu können. Waschmaschinen, wie wir sie heute kennen, gab es noch nicht. Im 18. Jahrhundert wurden die ersten mechanischen Maschinen entwickelt, elektrische Waschmaschinen kamen erst Anfang des 20. Jahrhunderts auf den Markt. Einen Waschvollautomaten gab es erst nach dem Zweiten Weltkrieg, für die Allgemeinheit aber anfangs nicht erschwinglich. Heute spart man durch die Waschmaschine viel Zeit und die schwere Arbeit ist ins Vergessen geraten.

Zunächst weichte meine Mutter die Wäsche in einer großen Zinkwanne mit heißem Wasser und einem Bleichmittel ein. So sollte der grobe Schmutz vorbehandelt werden. Meist machte sie das aber schon am Vorabend. Morgens begann die Arbeit mit dem Anheizen des großen Waschkessels, gefüllt mit viel Wasser. Die eingeweichte Wäsche vom Vorabend spülte sie nun so lange, bis das Wasser klar war. Um das zu erreichen, wurde das Wasser mehrmals gewechselt. Besonders verschmutzte Stücke behandelte sie mittels Kernseife und viel Rubbeln auf einem Waschbrett vor. Da ich als kleines Kind sehr oft über meine eigenen Füße stolperte, musste auch ein Teil meiner Kleidungsstücke meist vorbehandelt werden.

Die klargespülte Kochwäsche kam nun in den Kessel mit heißer Lauge aus erhitztem Wasser und „Persil"-Waschpulver. Persil war das Waschmittel der Stunde. Wenn die Lauge kochte, nahm meine Mutter einen großen Holzlöffel und stampfte und drehte die Wäsche, so lange sie noch kochte, immer und immer wieder hin und her. Das hatte den Vorteil, dass das Waschmittel sich besser verteilte und so der Reinigungsprozess unterstützt wurde. Erst als der Kochvorgang beendet war, konnte die Wäsche erneut in der Zinkwanne gespült werden, bis die Waschmittelreste entfernt waren. Zum Spülen war schon viel Zeit erforderlich. Immer wieder erneuerte sie das Spülwasser, bis es ganz klar war. Danach musste die Wäsche abtropfen und wurde dann von Hand ausgewrungen, was besonders anstrengte. Der Waschvorgang war nun beendet und die Wäsche musste jetzt noch zum Trocknen aufgehängt werden. Wir Kinder durften später beim Aufhängen der Wäsche im Garten oder im Winter auf dem Dachboden behilflich sein. Wir waren immer froh, wenn dieser harte Tag vorüber und danach auch die Bügelwäsche erledigt war, weil dann unsere Mutter auch wieder Zeit für uns hatte.

*

Über Weihnachten und Silvester 1942 bekam mein Vater Heimaturlaub. Unser Tagesablauf war plötzlich ein anderer. Wir aßen nicht mehr in der Küche wie sonst. Mutter deckte den Tisch nun im Wohnzimmer. Sie gab sich viel Mühe mit dem Tischdecken. Sicherlich wollte sie Vater eine Freude machen, der ja sonst in der Kantine essen musste. Beim Essen herrschte eine für uns Kinder ganz ungewohnte Stimmung. Wir durften nicht wie sonst am Tisch schon mal rumalbern, sondern mussten ganz brav auf unseren Plätzen sitzen. Sprechen während des Essens durten wir auch nicht. Wir bekamen den militärischen Drill und Gehorsam zu spüren, den mein Vater in seinem Beruf als Soldat lebte.

Dann hatten wir Heilig Abend. Vater schmückte in der Wohnstube unseren Weihnachtsbaum. Den hatte er beim Förster im Wald besorgt. Ob es damals schon Stände gab, an denen man Weihnachtsbäume kaufen konnte, weiß ich nicht. Im Keller sägte er den Stamm zurecht, bis er in den Ständer passte. Dann brachte er ihn heimlich in die Stube. Meine Schwester und ich durften natürlich nicht sehen, dass Vater den Baum selbst schmückte. Das machte schließlich das Christkind. Wir waren aber schon ganz aufgeregt und standen horchend hinter der Küchentür.

Diesmal fand das Abendessen aber wie üblich in der Küche statt, denn das Wohnzimmer war bis zur Bescherung für uns Kinder tabu. Dann war es endlich so weit. Mutter klingelte mit einer kleinen Glocke. Wir durften nun die Stube betreten und schauten mit großen Augen auf den Baum. Richtige Wachskerzen leuchteten zwischen den bunten Weihnachtskugeln und dem reichlichen Lametta. Das war auch viele Jahre später so. Das Baumschmücken war stets Vaters Aufgabe. Vielleicht machte er das nicht sehr gern, denn das Lametta warf er immer in Mengen einfach über die Äste. So war er mit dem Schmücken wohl schneller fertig.

Unter dem Baum lagen unsere Geschenke. Doch diese durften meine Schwester und ich erst öffnen, nachdem wir unsere Weihnachtsgedichte aufgesagt hatten. Andächtig standen wir beide nebeneinander vor dem Baum und trugen die Gedichte vor, die wir schon Tage vorher einstudiert hatten. Diese Zeremonie mochten wir beide nicht. Aber was tat man nicht alles, um an die Geschenke zu kommen. Meine Schwester bekam ein Puppengeschirr, denn inzwischen hatte sie wieder eine neue Puppe. Ich fand in meinem Päckchen eine Holzeisenbahn. Eine Lokomotive mit drei offenen Anhängern. Diese spannte ich gleich an die Lokomotive und fuhr mit der Bahn, auf Knien rutschend, durch die Stube. Die Eisenbahn fand ich richtig gut. Ich spielte in den nächsten Tagen viel damit, weil man in die Anhänger allerlei einladen konnte. Einmal fuhr ich mit dem Zug auf dem Tisch hin und her. Dabei war ich wohl etwas zu stürmisch, denn der ganze Zug stürzte auf den Boden. Zwei der Anhänger waren kaputt. Da half auch mein Heulen nichts. Gut, dass Papa da war. Ich hoffte, dass er mir helfen würde.

Mein Vater ging mit mir in den Keller, um den Schaden zu beheben. Ich schaute zu, wie er die Teile wieder zusammenleimte. Wir mussten eine Weile warten, bis der Leim getrocknet war. Hocherfreut, dass die Wagen wieder heil waren, schnappte ich sie und rannte die Kellertreppe hoch. Wie schon gesagt, als kleines Kind fiel ich oft über meine eigenen Füße. So auch diesmal. Die Anhänger fielen mir aus der Hand auf die Treppe und waren beide wieder kaputt. Der Leim war bestimmt noch nicht richtig getrocknet. Was sollte ich machen? Heulend lief ich zurück zu meinem Vater in den Keller. Vater schimpfte zwar mit mir, weil ich mich nicht vorgesehen hatte. Jedoch reparierte er den Schaden gleich wieder.

Beim zweiten Mal war ich etwas vorsichtiger. Doch als ich in der Wohnung ankam, fielen mir die Wagen wieder hin und brachen entzwei. Ich war halt ein Tollpatsch. Als mein Vater aus dem Keller kam und das Malheur sah, war er sehr verärgert und wollte mich verhauen, weil ich nicht aufgepasst hatte. Unter dem Tisch suchte ich Schutz. Doch das nützte mir gar nichts. Er schnappte mich und verhaute mir den Hintern. Das war schon brutal. Ich war ja noch keine vier Jahre alt. Vielleicht konnte er auch nicht anders, denn beim Kommiss herrschte Ordnung und Gehorsam und das bekam auch sein kleiner Sohn zu spüren. Wie könnte ich diesen Mann, der ja mein Vater war und den ich nur selten sah, lieben? Irgendwie hatte ich immer ein wenig Angst vor ihm. In den Arm, um mich liebevoll zu drücken, nahm er mich auch nicht. Viele Jahre später, ich hatte selbst schon Kinder, merkte ich erst, dass er eigentlich einen ganz weichen Kern hatte. Ich glaube, beim Militär ist er so erzogen worden, dass man niemals Schwächen zeigen durfte. Als Kind konnte ich das aber nicht verstehen.

*

Silvester bekamen meine Eltern Besuch, zwei Nachbarinnen mit ihren Männern, die auch gerade Fronturlaub hatten. Sie wollten mit unseren Eltern ins neue Jahr hinein feiern. Uns Kinder schickten sie heute früh zu Bett. Da mein Vater zu Hause war, mussten wir im Kinderzimmer schlafen, das Wand an Wand mit dem Wohnzimmer lag. Die großen Betten im Schlafzimmer waren jetzt für uns tabu. Vor dem Einschlafen las mir meine Schwester einige Geschichten vor und wir spielten auch noch ein wenig. Doch an Einschlafen war gar nicht zu denken, weil es nebenan sehr laut war.

Zwischendurch kam Mutter ins Zimmer und ermahnte uns, weil wir immer noch nicht schliefen. Für uns war es aber interessanter, zu horchen, was bei den Erwachsenen vor sich ging. Verstehen konnten wir natürlich nichts, vernahmen nur lautes Lachen. Inzwischen war es schon sehr spät und wir mussten wohl eingeschlafen sein. Dann wurde es plötzlich nebenan wieder laut. Meine Schwester wurde wach und weckte mich. Es war schon nach Mitternacht. Der Lärm war nun auf dem Flur zu hören und es schien, als würde die Wohnungstür zugeschlagen. Dass sie draußen um Mitternacht wie in unserer jetzigen Zeit Feuerwerkskörper abgeschossen haben, glaube ich nicht. Mutter sagte später nur, dass die Männer Leuchtkugeln in den Himmel geschossen hätten, um das neue Jahr auf ihre Art zu begrüßen.

Es verging einige Zeit und wir hörten, dass sich die Gäste stimmgewaltig und mit viel Gelächter verabschiedeten. Kurz darauf kamen unsere Eltern kichernd ins Zimmer, um zu sehen, ob wir nun schliefen. Natürlich nicht. Wir fanden ihr Verhalten sehr merkwürdig und albern. Vor allem meine Schwester war recht böse über das Benehmen unserer Eltern. Sie hatte sie ja auch noch nie angetrunken erlebt. Mit der Ermahnung, nun bald zu schlafen, verließen sie wieder das Zimmer. Wir schliefen alsbald ein.

Solch eine ausgelassene Feier sollte es aber nie wieder in unserer Wohnung geben. Anfang des neuen Jahres erzählte meine Mutter, dass beide Männer unserer Nachbarinnen an der Front gefallen waren und nicht wiederkämen. So gesehen, war es doch richtig, dass die Erwachsenen Silvester noch einmal fröhlich erleben konnten.

*

In der Nacht vom 16. auf den 17. Mai 1943 bombardierte die Royal Air Force die Möhnetalsperre im nordrhein-westfälischen Kreis Soest, wobei mehrere Hundert Menschen in den Fluten umkamen. Die Möhnetalsperre war das Wasserreservoir für das ganze Ruhrgebiet. Ein strategisch wichtiges Ziel für feindliche Angriffe. Der Kampfbomber warf eine speziell entwickelte Rollbombe, die über das Wasser auf die

Staumauer zurollen sollte, aus nur 20 Metern Höhe ab. Fünf Versuche unternahm der Pilot, bis sein Vorhaben Wirkung zeigte. Die Staumauer wurde getroffen und die Wassermassen ergossen sich ins Tal. Ganze Gebiete wurden überschwemmt und viele Menschen getötet. Die Briten glaubten, mit der Zerstörung des Möhnetalstaudamms und der Überschwemmung könnten sie das gesamte Ruhrgebiet eliminieren und die Rüstungsindustrie lahmlegen. Dieser Plan ging allerdings nicht auf, weil sie die Kapazität des Kraftwerkes unterschätzten und der angerichtete Schaden nicht zum Ziel führte, sondern überwiegend die Bevölkerung traf. Das Ziel der Briten war, insgesamt fünf der größten Talsperren zu fluten, darunten auch die Edertalsperre.

Als wir im Sommer 1943 in den Ferien vorerst das letzte Mal nach Kassel kamen, erzählten uns die Großeltern von dem verheerenden Angriff auch auf die Edertalsperre. Meine Mutter war total geschockt, weil sie bis dahin von dem fürchterlichen Inferno nichts gehört hatte. In den deutschen Nachrichten wurde naturgemäß sehr selten von Erfolgen feindlicher Truppen berichtet.

Der Edersee im nordhessischen Landkreis Waldeck-Frankenberg ist einer der größten Stauseen in Deutschland. Von der Staumauer aus fließt die Eder weiter in die über Kassel bis Hannoversch Münden verlaufende Fulda, die sich dort mit der Werra zur Weser vereinigt. Auch hier setzten die Briten auf die erfolgreiche Strategie der Rollbomben. Gleich beim ersten Angriff trafen sie ihr Ziel und rissen ein großes Loch in die Staumauer des Edersees. Eine ungeheure Flutwelle ergoss sich ins Edertal. In den ersten Ortschaften, Eder abwärts hinter der Staumauer, fanden viele Menschen den Tod. Dörfer wie Affoldern wurden fast völlig zerstört. Weil die Flutwelle zur nachtschlafenden Zeit kam, war das Ereignis umso dramatischer. Die meisten Menschen wurden im Schlaf überrascht. Die Wassermassen erfassten viele Tiere und trieben diese als Kadaver den Fluss hinab. Ganze Häuserteile, Bäume und Unrat spülte die Eder flussabwärts. Der Kampf gegen die Zivilbevölkerung erreichte somit eine neue Dimension.

Selbst im 60 Kilometer entfernten Kassel gab es noch Todesopfer durch die extremen Fluten. Meine Oma berichtete von unzähligen Kühen, Schweinen

Foto: Carl Eberth, Kassel

Die zerstörte Edersee-Staumauer nach dem Angriff der Royal Air Force

und anderen Tieren, die neben Bäumen und Unrat in der Fulda trieben. Der Fluss trat weit über die Ufer und überflutete die ganzen Fuldaauen. Selbst hier war das Ausmaß der Verwüstung erschreckend. Häuser und Straßen standen tagelang unter Wasser.

Das Haus meiner Großeltern am südlichen Stadtrand war aufgrund der höheren Lage glücklicherweise nicht von der Überschwemmung betroffen.

Nicht nur Stauseen und Militäranlagen nahmen die Alliierten ins Visier, bereits in dieser Zeit versuchten sie, vermehrt zivile Bereiche zu bombardieren und auszulöschen. Die Zivilbevölkerung stand nun im Fokus der Angriffe. Selbst bei den Flüchtlingstrecks aus dem Osten, die 1944 einsetzten, wurden wehrlose Menschen durch massive Tiefflüge ständig angegriffen und getötet.

*

Waren wir in Kassel, spielte meine Großmutter abends oft mit meiner Schwester und mir „Mensch ärgere dich nicht" oder ein Kartenspiel. Großmutter besaß eine große Ausdauer beim Spielen und machte allen Blödsinn mit.

Am beliebtesten bei meiner Oma und meiner Schwester war aber das Kartenspiel ‚Schwarzer Peter'. Man mischte die Karten, jeder bekam die gleiche Anzahl an Karten. Eine davon war der Schwarze Peter. Behielt man die Karte bis zum Schluss, war man der Verlierer und somit der Schwarze Peter. Von den anderen Karten gab es immer zwei gleiche. Hatte man die beiden passenden Karten, legte man diese ab, bis man keine Karten mehr besaß. Dann war man aus dem Spiel. Das Spiel ging so lange, bis nur noch eine Karte übrig blieb. Dies war der Schwarze Peter. Bekam ich den Scharzen Peter gleich am Anfang des Spieles, steckte ich ihn vorsichtig zwischen die anderen Karten. Das muss ich wohl immer so ungeschickt gemacht haben, dass die anderen sofort wussten, wo ich den Schwarzen Peter platziert hatte. Da der Nebenmann vom Mitspieler die nächste Karten ziehen musste, wussten Oma und meine Schwester genau, welche meiner Karten der Schwarze Peter war, und zogen diese natürlich nicht. So hatte ich meist zum Schluss diese Karte in der Hand und verlor das Spiel, was mich sehr ärgerte, denn ich wollte nicht der Verlierer sein. Eines war sicher: Wenn sie es wollten, war ich immer der Verlierer. Ich konnte eben noch kein Pokerface aufsetzen. Zu allem Überfluss malte meine Oma mir dann auch noch mit einem Stück Kohle die Nase schwarz. Jetzt war ich der Schwarze Peter. Später kam ich zu der Erkenntnis, dass die beiden das Spiel manipulierten, damit sie mich schwarz anmalen konnten. Sie fanden es amüsant, wenn ich mich dann maßlos ärgerte. Ich wollte nie mehr mitspielen, habe es dann doch immer wieder getan.

*

Wieder in Sorau, als die Herbstferien anfingen, hatten auch die größeren Kinder mehr Zeit zum Spielen. Sie hatten ein Faible für „*Theaterspiele*". In dem kleinen Park in der Mitte unserer Siedlung versammelten wir uns dann zum Spielen. Hier bauten die Großen unser Theater auf. Für die „Zuschauer" hatten sie einen Graben ausgehoben. So tief, dass man bequem sitzen konnte, wenn man mit den Füßen im Graben stand. An der von Baum zu Baum gespannten Leine hingen zwei Decken, die als Bühnenvorhang dienten.

Was für Stücke die Spielkameraden aufführten, wusste ich nie genau. Das habe ich einfach nicht verstanden. Sie zogen dann Kleidungsstücke an, die sie von ihren Eltern mitbrachten, Kleider, Mäntel und Hüte. Manche sahen darin sehr drollig aus. Meine Schwester spielte auch schon mal mit. Welche Rolle sie in den erfundenen Stücken hatte, kann ich nicht sagen. Einmal spielten sie Zirkus. Da durfte auch ich mitmachen. Das fand ich ganz toll. Mit einem anderen Jungen zusammen war ich ein Elefant. Der Junge stellte sich hinter mich und machte einen Buckel. Er hielt sich an meinem Rücken fest. Dann hängten die Großen uns einen Mantel über. Es war plötzlich ganz dunkel darunter. Wir waren nun der Elefant und der eine Ärmel des Mantels bildete den Rüssel. Der Älteste von uns allen mimte den Zirkusdirektor. Er hob den Ärmel hoch und sagte irgendetwas, das ich nicht verstehen konnte. Die anderen Kinder aber lachten, ich wusste aber nicht warum. Doch das sollte ich bald erfahren. Manfred nahm nämlich einen Eimer mit Wasser und schüttete das Wasser in den „*Rüssel*". Ich wurde pudelnass und rief ganz laut nach meiner Schwester. Das fand ich sehr gemein. Mit dem Kleinsten konnten sie es ja machen. Weinend lief ich nach Hause zu meiner Mutter, die diesen Streich auch nicht gut fand, sie zog mir aber gleich trockene Sachen an. Ich habe mit denen nie wieder Theater gespielt.

*

Einige Tage später kam mein Vater auf Fronturlaub. Es sollte sein letzter Besuch vor Kriegsende sein. Dieser Besuch prägte ganz besonders mein damaliges Verhältnis zu meinem Vater. Zwar brachte er mir auch ein tolles Geschenk mit, doch die Furcht vor ihm wurde in dieser Situation noch verstärkt. Ich saß auf dem Boden und durfte das Paket auspacken. Ganz gespannt zerriss ich die Verpackung und zum Vorschein kam ein VW-Käfer mit Fernbedienung. Hinten am Auto war eine lange Drahtschnur mit dem Steuerteil. Vater legte hier eine Batterie ein, damit das Auto fahren konnte. Mit der Fernbedienung steuerte er den VW durch den Flur und zeigte mir, wie ich es machen sollte. Ich kniete auf dem Boden vor zwei schwarzen Stiefeln und darüber eine schwarze Stiefelhose, die ab Stiefeloberkante rechts und links nach außen abstand. Das war der unvergessliche Augenblick, der mir Angst einflößte.

Das war also mein Vater, den ich kaum kannte, vor dem ich Angst hatte. Unsicher versuchte auch ich, das Auto zu steuern. Sicherlich war es nicht die Absicht meines Vaters, mich zu verängstigen. Doch die Art, wie er vor mir stand, erinnerte mich an die Schläge, die ich bekam, als ich meine Holzeisenbahn hatte fallen lassen, und heute an einen militärischen Drill. Vielleicht war es auch die schwarze Kleidung, die mich so eingeschüchtert hat. Nur zögerlich fuhr ich mit dem Auto, immer in der Angst, etwas falsch zu machen. Ich glaube heute, dass meine Mutter meine Verängstigung nicht registriert hat.

Erst als ich allein war, machte mir das Spielen mit dem steuerbaren Auto mehr Spaß. Bald hatte ich auch den Trick herausgefunden, nicht mehr überall anzuecken. An viel mehr aus dieser damaligen Begegnung mit meinem Vater kann ich mich aber heute nicht mehr erinnern.

*

Informationen über den realen Verlauf des Krieges erhielt die Bevölkerung eher selten. Mit enormer Propaganda wurde meist nur von den Erfolgen und Heldentaten der deutschen Wehrmacht berichtet. Von dem Widerstand der Alliierten hörte man aber nur selten etwas. Fernsehen gab es in dieser Zeit noch nicht im Privatbereich. Große Informationsträger waren die Wochenschauen in den Kinos, Tageszeitungen und die Rundfunkberichte über das allgemeine Radiogerät. Volksempfänger nannten sich diese kleinen schwarzen Geräte und sie waren nahezu in jeder Familie anzutreffen.

Volksempfänger,
das allgemeine Radiogerät der damaligen Zeit

Aber auch die Feinde nutzten die Funksequenzen, um auf Deutsch die hiesige Bevölkerung mit Meldungen über den Verlauf des Krieges zu informieren. Diese Propagandanachrichten der Feinde zu hören war natürlich verboten, sie warfen aber schon ein anderes Bild auf die wahren Geschehnisse. An einer fortschreitenden, glorreichen Entstehung des großdeutschen Reiches gab es immer mehr Zweifler unter der Bevölkerung, vor allem nach solchen Ereignissen wie die apokalyptische Bombennacht vom 22. Oktober 1943 in Kassel. Doch sich über die Realität des Krieges zu äußern wagte kaum jemand, denn der *Feind* hörte bekanntlich überall mit.

Der Bombenangriff zuvor am 3. Oktober 1943 schlug aufgrund der Schlechtwetterlage größtenteils fehl.

Starker Wind trieb die Leuchtraketen Richtung Norden ab, sodass nur die nördlichen Randgebiete der Stadt getroffen wurden. Dafür bekam es dann aber Kassel an jenem 22. Oktober 1943 umso heftiger zu spüren. Innerhalb weniger Minuten wurde die gesamte Altstadt zu einem Flammenmeer. Weit über 500 Bomber waren im Einsatz. Tausende Sprengbomben, Luftminen und mehrere Hunderttausend Brandbomben gingen über der gesamten Stadt nieder. Die Altstadt mit den vielen Fachwerkhäusern, meist Haus an Haus, wurde durch die Brandbomben schnell zu einem Flammenmeer und nahezu völlig zerstört. Fast 10.000 Menschen kamen in

Foto: Carl Eberth, Kassel

Teil der am 22. Oktober 1943
nahezu zerstörten Kasseler Altstadt

dem Inferno um. Schutz in den Kellern zu suchen, er-
wies sich als fataler Fehler. Hier erstickten viele Bewohner. Ein Entkommen war kaum möglich.

Nach dem verheerenden Angriff wurden Tausende
Leichen, die nicht verkohlt waren, auf dem Königsplatz
zum Identifizieren aufgebahrt. Viele Menschen blieben
aber für immer vermisst. Andere, die mit dem Leben da-
vonkamen, hatten Hab und Gut verloren. Ein schreck-
liches Bild, das sich den Helfern bei der Bergung bot,
machte die Grausamkeit des Krieges nur allzu deutlich.
Gut, dass meine Großeltern weit draußen am Stadtrand
lebten und von diesem Inferno verschont blieben.

*

Wir in Sorau bekamen von all diesen entsetzlichen
Bombardements selten etwas mit. Doch die Auswirkungen des fortschreitenden Krieges spürten wir trotzdem in vieler Weise.

Eines Tages traf dies ganz besonders meine Schwester. Sie bekam starke Ohrenschmerzen. Mutter unternahm den Versuch, mit Kamilleumschlägen die
Schmerzen zu lindern. Das sonst so bewährte Haus-
mittel half aber nicht. Die Wange meiner Schwester
wurde immer dicker, die Schmerzen stärker. Vergeblich
versuchte meine Mutter, einen Arzt zu bekommen. Die
ärztliche Versorgung war inzwischen auch für die Zivilbevölkerung sehr stark eingeschränkt. Die meisten Ärz-
te waren an der Front. In den nächsten Tagen wurden
die Schmerzen immer stärker und die Wange schwoll

extrem an. Meine Mutter versuchte weiter verzweifelt, medizinische Hilfe zu bekommen. Als sie immer noch keinen Arzt erreichen konnte, machte sie sich mit meiner Schwester auf den Weg zur Kaserne. Sie vermutete, wenigstens hier ärztliche Hilfe zu bekommen. Nach langen Diskussionen mit dem Wachposten durfte sie endlich zum Stabsarzt. Der diagnostizierte eine heftige Mittelohrentzündung und operierte meine Schwester sofort. Es wäre höchste Zeit, dass meine Schwester behandelt würde, meinte der Arzt. Fast eine Tasse Eiter entnahm er ihrem Ohr. Er hatte aber kein passendes Medikament zur Verfügung. Von einem Antibiotikum ganz zu schweigen. Die Versorgung mit Medikamenten wurde immer schwieriger. Der Arzt sah es als ein-

Kaserne in Sorau,
heute von der polnischen Kommunalverwaltung genutzt

zige Lösung an, dass meine Schwester ihren eigenen Urin trinken musste. Doch daran konnte sie sich später nicht mehr erinnern, weil meine Mutter ihr dies als Medizin vorgab. Die entzündungshemmende Wirkung des Urins stellte sich glücklicherweise recht bald ein, die Schmerzen ließen nach und die Schwellung ging zurück. Nach ein paar Tagen konnte meine Schwester schon wieder zur Schule gehen.

*

Es wurde Winter. Meine Mutter, meine Schwester und ich waren mal wieder auf dem Weg in die Stadt. Wir hatten noch Kleiderkarten und so versuchte meine Mutter, für mich einen Wintermantel zu erstehen, denn ich brauchte dringend warme Kleidung. Schließlich fand sie auch für mich einen Mantel in dem Textilgeschäft am Marktplatz. Die Auswahl war nicht sehr groß, denn auch die notwendigsten Kleidungsstücke wurden immer mehr rationiert. Ich musste den Mantel anprobieren. Alle fanden, dass er mir gut stünde. Nur ich nicht. Ich wollte gar keinen Mantel. Das Anprobieren war mir lästig und ich machte deshalb einen riesigen Aufstand. Mutter, Schwester und die Verkäuferin bemühten sich, mich zu beruhigen und mir den Mantel schmackhaft zu machen. Doch da hatten sie nicht mit meinem Dickkopf gerechnet. Entschlossen setzte ich mich zur Wehr, zog den Mantel ständig wieder aus und rief: *„Das ist nicht mein Mantel, das ist nicht mein Mantel, den will ich nicht!*" Erst als meine Mutter mir versprach,

der Weihnachtsmann bringe mir bestimmt eine Ritterburg, ließ ich den Mantel an. Die Ritterburg hatte ich
vorher nebenan im Schaufenster gesehen und wollte
sie unbedingt haben. Selbst im zarten Kindesalter gibt
es Situationen, in denen man durchaus bestechlich
sein kann.

Als ich dann aber am Mantel die beiden Taschen, in
die ich meine Hände stecken konnte, entdeckte, war ich
total zufrieden. Ich war plötzlich verliebt in den Mantel
und bekam meine Hände nicht mehr aus den Taschen.
So auch auf dem Heimweg. Kurz vor unserer Siedlung,
wo die Straße eine Biegung machte, rannte ich freudig
voraus. Ich schaute mich um, war stolz, dass ich der

In dem Geschäft an der Ecke
stand „meine" Ritterburg im Schaufenster

Erste war und fiel prompt wieder über meine eigenen Füße. Nur auf die Beine kam ich schlecht, weil ich die Hände nicht aus den Taschen nehmen wollte. Meine Schwester musste mich hochheben. Mir passierte es oft, wenn ich fiel, blieben die Hände trotzdem in den Taschen meines Lieblingsmantels. So verging auch der Winter, in dem ich stolz meinen Mantel trug.

*

Die Erfolge der deutschen Wehrmacht an der Ostfront seit der verlustreichen Schlacht um Stalingrad blieben zunehmend aus. Auch die Westfront, an der mit Beginn des Jahres 1944 der deutsche General Rommel den Oberbefehl übernahm, geriet durch die Invasion der Alliierten mehr und mehr unter Druck. Am sogenannten D-Day landeten die Alliierten am Strand der Normandie und konnten so eine Westfront gegen Hitlers Truppen aufbauen. Doch die Schlacht in der Normandie dauerte nahezu ein Vierteljahr und forderte nicht nur viele Opfer unter den Soldaten auf beiden Seiten, sondern auch Tausende unter der Zivilbevölkerung.

Nichtsdestotrotz verbreitete die Propagandamaschinerie des deutschen Reiches in der Bevölkerung die Stimmung von einer glorreichen Kriegsführung und den vielen Erfolgen tagtäglich. In unserem beschaulichen Sorau konnte man dieser Ideologie wohl noch folgen. Doch was wir bei unseren Besuchen in Kassel erlebten, schürte erhebliche Zweifel.

Henrich Focke, der Mitbegründer der Focke-Wulf-Flugzeugbau AG in Bremen, schied aus der Unternehmensleitung des Unternehmen aus und gründete 1937 in Hoykenkamp bei Delmenhorst die Firma Focke, Achgelis & Co GmbH. In den neu gegründeten Zweigwerken dieser Firma in Marienburg in Ostpreußen und Sorau in Niederschlesien baute er vornehmlich für die deutsche Luftwaffe Jagdflugzeuge und Bomber. So bekam am 11. April 1944, dem sogenannten „schwarzen Dienstag", unsere Stadt ebenfalls die Realität des Krieges zu spüren. Die Fabrik zählte nun auch zu den wichtigen militärischen Produktionsstätten, deren Zerstörung Ziel der Alliierten war.

Für mich war diese Situation natürlich noch keine Realität. Umso spannender fand ich diesen Tag, als wir Kinder vor unserem Haus spielten und plötzlich ein Soldat mit einem merkwürdigen Gestell unter dem Arm die Straße entlanglief. Mitten zwischen unseren Häuserblocks angekommen, stellte er das Gerät auf drei Beine. Darüber war eine Box wie eine große Keksdose mit einer Kurbel. Diese Kurbel drehte er ganz schnell. Ein ohrenbetäubender Lärm kam aus diesem Gerät. Es war das Heulen der Sirene zum ersten Bombenangriff auf Sorau. Stationäre Alarmanlagen, wie sie es in den größeren Städten gab, kannte man in Sorau nicht,

Wir Kinder sahen diesem Vorgang fasziniert zu. Doch das dauerte nicht lange. Kurze Zeit später hörten wir in der Ferne das Dröhnen der feindlichen Bomber. Das unheimliche Geräusch wurde von Minute zu Minute lauter. Unsere Mütter kamen aufgeregt aus den Häusern. Sie riefen uns, denn sie wussten, was die Sirene und das Dröhnen in der Luft zu bedeuten hatte. Wir kannten die Situation von unseren Besuchen in Kassel, konnten aber nicht glauben, dass ein Luftangriff auch Sorau bevorstand, doch es war Wirklichkeit. Wir verkrochen uns schnell in den Kellerräumen unserer Häuser. Ob uns dieses Vorhaben vor Bombentreffern geschützt hätte, muss ich heute sehr bezweifeln. Auf solch eine Situation waren wir in unserem beschaulichen Städtchen nun wirklich nicht vorbereitet. Selbst in den Kellerräumen vernahmen wir den ohrenbetäubenden Lärm der feindlichen Flugzeuge. Vom eigentlichen Bombardement in der Stadt wurde unsere Siedlung zwar verschont, doch hörte man auch hier die Detonationen der Bombeneinschläge. Lange Zeit später heulte wieder die Sirene, die das Ende des Fliegerangriffs ankündigte.

Ziel der amerikanischen Luftflotte war einzig das Flugzeug-Werk, trotzdem wurde auch die Stadt von diesem Angriff in Mitleidenschaft gezogen. Mehrere Hundert Bomben zerstörten in kurzer Zeit einen Teil der alten Stadtbebauung. Die Verwüstung der Altstadt sahen wir dann erst Tage später. Der totale Krieg war nun auch in Sorau angekommen.

*

Unsere Kasseler Großmutter war zu Besuch. Das war sie schon ein paar Mal. Doch diesmal nicht ohne triftigen Grund. Die Sonne stand hoch und wir hatten herrlich warme Juli-Tage. Neben den Kriegswirren sollte es auch noch freudige Ereignisse in dieser Zeit geben. Schon seit Wochen erzählten mir meine Mutter und meine Schwester, ich bekäme bald ein Geschwisterchen. Dann war es auch so weit. Meine Oma brachte meine Mutter ins Sorauer Krankenhaus. Dort sollte unser Geschwisterchen zur Welt kommen, nicht wie ich zuhause im Bett unserer Eltern. Daheim warteten wir gespannt auf das Ereignis. Einen Tag später erfuhren wir vom Krankenhaus, unser Geschwisterchen sei da, es wäre ein Junge. Das fand ich gut, weil ich nicht nur ständig mit Mädchen spielen wollte. Meine Mutter und das Baby wären beide wohlauf. Oma nahm mich an die Hand und zusammen mit meiner Schwester marschierten wir in die Stadt. Wir waren schon ganz aufgeregt. Erst recht als wir vor dem Krankenbett standen und meine Mutter ein kleines Etwas in den Armen hielt. Ich hatte noch nie ein neugeborenes Kind gesehen. Umso mehr zweifelte ich daran, dass man mit solch einem Winzling was anfangen könnte. Doch Mutter gab das Baby meiner Schwester und dann vorsichtig auch mir auf den Arm. „Das ist euer Bruder", sagte sie.

Früher war es üblich, dass Frauen nach der Geburt mehrere Tage im Krankenhaus bleiben mussten. So dauerte es noch einige Tage, bis die beiden nach Hause kamen. Ich war schon fünf Jahre alt und hatte nun das Kinderbett zu räumen. Fand ich auch gut, weil ich so ständig im großen Bett bei meiner Mutter schlafen konnte, da unser Vater ja im Krieg war.

Meine Schwester freute sich riesig über ihren kleinen Bruder. Schließlich hatte sie nun eine *lebendige*

Stolz wie eine junge Mutter war meine Schwester,
wenn sie unseren Bruder versorgen durfte

Puppe. Sie durfte nun das Baby wickeln und auch die Flasche geben. Als ich so klein war, konnte sie meiner Mutter zwar zur Hand gehen, aber wickeln, das machte meine Mutter doch selbst. Inzwischen war sie ja fünf Jahre älter geworden und meisterte diese Aufgabe wie eine Erwachsene. Ich konnte da nicht mithelfen, war aber oft dabei und fand es spannend, wenn mein Bruder gewaschen und gewickelt wurde. Wir hatten zwar keine Wickelkommode, doch stattdessen besaßen wir ein großes Brett, das im Bad über die Badewanne gelegt wurde. Es erfüllte so den gleichen Zweck. Nicht nur mein Kinderbett erbte mein Bruder, sondern er bekam auch den Kinderwagen, in dem ich die ersten Jahre gefahren wurde. Der Wagen war natürlich für die heutige Zeit keine Luxuskarosse. Üblich und modern waren für diese Zeit korbgeflochtene Kinderwagen mit kleinen Rädern, was mit mühsamerem Schieben verbunden war. Trotzdem nutzten wir nun häufiger den Kinderwagen auch als zusätzliches Transportmittel, wenn wir zum Einkaufen in der Stadt waren. Die schweren Sachen brauchten wir so den langen Weg nicht zu tragen. Den Bollerwagen ließen wir dann zu Hause.

*

Ende 1944 kam die Ostfront immer näher. Die ersten Flüchtlingstrecks aus Ostpreußen zogen bei uns vorbei. Auch die Versorgung der Bevölkerung nahm andere Formen an. Organisieren und Hamstern waren inzwischen keine Fremdwörter mehr.

Meine kriminelle Karriere begann ich deshalb schon mit fünf Jahren in unserer Geschwister-Gang. Meine Schwester hörte in einem Gespräch zweier Nachbarinnen, dass man für Knochen in der kleinen Seifenmanufaktur der Stadt Kernseife bekäme. Kernseife war inzwischen neben Waschpulver ein begehrter Artikel zum Waschen der großen Wäsche.

Die Nachbarinnen unterhielten sich weiter und erwähnten auch, dass hinter der Kantine in der Kaserne die Küchenabfälle gelagert würden. Da wären sicherlich auch Knochen dabei, meinte die eine Nachbarin. Das brachte meine Schwester auf die Idee, dort Knochen zu holen und sie gegen Kernseife einzutauschen, um Mutter eine Freude zu machen. Aber wie sollten wir das bewerkstelligen? Lange überlegten wir, dann schmiedeten wir zusammen einen Plan, wie wir unbemerkt in die Kaserne kommen könnten. Zunächst mussten wir die Kasernenmauer überwinden. Wir inspizierten die Kaserne von allen Seiten. Am Kasernentor standen die Wachposten. Da kämen wir bestimmt nicht ungesehen vorbei. Dann nahmen wir die Kasernenmauer unter die Lupe. In der Mauer waren abwechselnd runde und große ovale Löcher, die durch Holzsprossen unterteilt waren. Wir waren der Meinung, dort hindurchschlüpfen zu können. Meine Schwester machte einen Versuch und siehe da, es klappte. Von unserem Plan durfte natürlich keiner etwas erfahren. Man könnte uns verraten oder zuvorkommen. Mehrere Tage berieten wir noch, ob wir den Plan wirklich in die Tat umsetzen sollten.

Tage später kam meine Schwester recht früh aus der Schule. Wir dachten, dass das der richtige Tag für unser Vorhaben sei. Mit unserem Bollerwagen fuhren wir zur Kasernenmauer und versteckten den Wagen hinter einem Busch. Die Abstände der Sprossen ließen es wirklich zu, dass wir beide schnell hindurchschlüpfen konnten. Mit unserem Vater waren wir schon einmal in der Kantine der Kaserne gewesen. Meine Schwester konnte sich noch erinnern, wo dieses Gebäude lag. So schlichen wir vorsichtig auf dem Kasernengelände zur Kantinenhinterseite. Dort sahen wir auch die großen Abfalleimer stehen, in denen die Knochen sein sollten. Tatsächlich fanden wir auch eine ganze Menge unter

*Wo damals enge Holzsprossen waren, ist heute
die Öffnung in der Kasernenmauer notdürftig geschlossen.*

den Essensresten. Mühsam fischten wir die Knochen
aus den Mülleimern. In die mitgebrachte Tasche stopf-
ten wir so viele Knochen hinein, wie wir tragen konnten.
Wir brachten sie zur Mauer. Ich kletterte hindurch und
verstaute die Knochen in unserem Bollerwagen. Diese
Prozedur machten wir dreimal, bis wir genug Knochen
gesammelt hatten. Wir hatten wirklich Glück, nicht erwischt zu werden. Auf der Straße angekommen, versuchten wir so schnell wie möglich, außer Reichweite
der Kaserne zu gelangen.

Es war noch früh am Nachmittag und wir machten
uns gleich auf den beschwerlichen Weg zur Stadt. Erschöpft erreichten wir die kleine Manufaktur. Die ältere

Frau im Laden war sicherlich erstaunt, dass wir zwei alleine waren, sagte dazu aber nichts. Wir gaben ihr die Knochen, sagten, dass wir dafür gerne Kernseife haben wollten. Gespannt warteten wir darauf, was nun passierte. Die Frau nahm die Knochen aus unserem Bollerwagen. Sie legte unsere ganze Beute auf eine Waage. Danach warf sie alles in einen großen Bottich und ging in den Nebenraum. Sie sagte kein Wort. Als sie zurückkam, hatte sie drei Stücke Kernseife in der Hand und gab sie uns. Wir waren erstaunt, so wenig Seife für die vielen Knochen zu bekommen. Wäre unsere Mutter dabei gewesen, hätten wir vielleicht noch mehr Seife für unsere Beute erhalten. Aber unsere Mutter wusste schließlich nicht, dass wir hier waren und was wir angestellt hatten. Wir waren über die geringe Ausbeute sehr enttäuscht, wagten es jedoch nicht, die Frau darauf anzusprechen. Uns hat sie bestimmt nicht für voll genommen.

Nach dem langen Rückweg überreichten wir freudestrahlend unserer Mutter die drei Stücke Kernseife und mussten natürlich erzählen, wo die Seife herkam. Verärgert schimpfte sie mit uns, vor allem weil wir unerlaubt auf dem Kasernengelände waren. Das war strikt verboten und hätte böse ausgehen können, meinte sie. Auch dass wir alleine in der Stadt unterwegs waren, fand sie nicht gut. Letztendlich freute sie sich jedoch über unsere Errungenschaft, weil bald wieder große Wäsche anstand.

*

Früher schickte uns unsere Großmutter aus Kassel oft Körbe mit Obst- und Gemüse. Doch der Versand war inzwischen aufgrund der zunehmenden Beschränkungen der Privattransporte in der Heimat kaum noch möglich. Und was man anhand der Lebensmittelkarten derzeit bekam, reichte oft nicht aus. Man versuchte auf anderem Weg, dieses Manko auszugleichen.

Meine Schwester, wenn auch erst neun Jahre alt, hatte schnell begriffen, dass man auch als Kind schon mit anpacken und organisieren musste. Sie hörte von Klassenkameraden, dass sie bei einem Bauern in der Nähe Kartoffeln organisiert hätten. Das können wir doch auch, meinte meine Schwester und erzählte unserer Mutter davon. Südwestlich unserer Siedlung lag die an Sorau grenzende Gemeinde Seifersdorf. Mutter wusste, dass es hier Bauernhöfe gab, und war einverstanden, es auch einmal zu versuchen. Trotzdem, ganz wohl war ihr bei dieser Vorstellung nicht, denn sie war es nicht gewohnt, auf diese Weise für die Familie zu sorgen. Noch konnte sie nicht ahnen, welche Demütigungen, Entbehrungen und Sorgen bald auf sie zukommen würden.

Zusammen mit unserer Mutter machten wir uns auf den Weg nach Seifersdorf. Da es bereits recht kalt war, durfte ich meinen Lieblingsmantel mit den Taschen anziehen. Den ersten Teil der Strecke zog ich abenteuerlustig unseren Bollerwagen. Doch bald hatte ich keine Lust mehr und ich war bereits müde vom Laufen. Nun zog meine Schwester den Wagen weiter. Erleichtert lief ich jetzt voraus und fiel natürlich mal wieder über meine eigenen Füße. Ich landete auf der Erde und blieb liegen. Meine Mutter half mir auf, weil ich die Hände wie so oft in den Taschen ließ. Sie schimpfte mit mir, denn nun war mein Mantel schmutzig. Notdürftig klopfte sie den Schmutz ab. Dann ging es weiter und sie setzte mich vorsichtshalber in den Wagen, damit ich nicht noch einmal über meine Füße stolpern konnte. Von Weitem sahen wir schon das Dorf Seifertshausen liegen. Das beflügelte uns, jetzt strammen Schrittes recht bald das Dorf zu erreichen.

Den ersten Bauernhof, den wir sahen, steuerten wir an, obwohl er sehr verlassen aussah. Auf der langen Hofeinfahrt näherten wir uns vorsichtig dem Hauptgebäude. Vor der Tür des Bauernhauses kläffte ein Hund, sah aber trotzdem zutraulich aus. Wir warteten einen Moment, doch es tat sich nichts. Dann fassten wir allen Mut zusammen und gingen an dem Hund vorbei zur Tür des etwas zurückliegenden Bauernhauses. Irgendwie hatte meine Mutter ein mulmiges Gefühl, denn gebettelt hatte sie bisher noch nie. Sie fasste ihren ganzen Mut zusammen und ging zur Tür. Sie war nicht verschlossen. So standen wir gleich in einem großen Raum. Der war recht dunkel, Diele und Wohnraum zugleich. Fliegen schwirrten durch die Luft, obwohl es in dem Raum sehr kalt war. Wir mussten uns erst einmal orientieren. Dann sahen wir am Ende des Raumes nahe dem Fenster einen älteren Mann am Tisch sitzen. Auch um ihn herum schwirrten die Fliegen oder saßen auf seinem Körper. Vor ihm auf dem Tisch stand eine dampfende Emailletasse, die wohl schon bessere Zeiten gesehen hatte. Daneben der Wasserkessel und ein Paket mit blauen Punkten. Das war der gute *„Lindes-Kaffee"*, der Ersatz für Bohnenkaffee. Bohnenkaffee war für die allgemeine Bevölkerung schon immer ein Luxusartikel und in dieser Zeit sowieso kaum noch zu bekommen.

Ängstlich blieben wir hinter unserer Mutter stehen. Sie fragte, ob wir ein paar Kartoffeln haben könnten. Der Mann knurrte erst etwas Unverständliches vor sich hin. Schließlich schickte er uns hinters Haus zu seiner Tochter. Die kam gerade aus dem Stall und blieb ruckartig stehen. Sie ahnte wahrscheinlich schon, warum wir da waren. Mutter fragte wieder, ob wir Kartoffeln haben könnten. Sie schaute uns mit großen Augen an, blieb aber weiter wie angewurzelt stehen. Erst als meine Mutter ihr ein Armband anbot, das sie für die Kartoffeln eintauschen wollte, kam Bewegung in die junge Frau. Sie schaute sich das Armband eine Weile an und steckte es dann schließlich in die Tasche. Daraufhin verschwand sie wieder in dem Gebäude. Kurz darauf kam sie mit einem Sack voller Kartoffeln aus dem Stall zurück.

Das Armband war ein Geschenk meines Vaters, das sie schweren Herzens weggab. Wir waren aber froh, dass wir für eine längere Zeit wieder Kartoffeln hatten. Der Winter war lang und aus Kassel bekamen wir auch nichts mehr. Wir bedankten uns, luden den Sack auf den Bollerwagen und fuhren wieder nach Hause. Es war inzwischen schon recht spät und es wurde langsam dunkel. Zu Hause angekommen, brachten wir den Sack in den Keller. Froh, dass wir wieder daheim waren, holten wir bei unserer Nachbarin unseren kleinen Bruder ab, den wir natürlich bei unserer Betteltour nicht mitnehmen konnten. Der schlief brav und hatte uns wahrscheinlich gar nicht vermisst.

Die Vertreibung

Die Anzahl der Flüchtlingstrecks Richtung Westen nahm ständig zu. Von Tag zu Tag wurden es mehr Fuhrwerke auf der Saganer Landstraße, die unweit von unserer Siedlung vorbeiführte. Nicht nur aus Ostpreußen, auch die Bewohner aus Schlesien, Pommern und dem Sudetenland machten sich auf den Weg Richtung Westen, da die sowjetischen Einheiten nun unaufhaltsam näher kamen. Die Flucht in den vermeintlich sicheren Westen war nicht nur beschwerlich, sondern auch ge-

Archiv Ludwig Leisentritt

*Tag für Tag reihte sich ein Fuhrwerk
an das andere auf dem Weg Richtung Westen*

fährlich. Immer wieder wurden die Flüchtlingtrecks von feindlichen Tieffliegern angegriffen.

Die Flüchtlinge waren auf der Flucht vor dem Feind auf ihre Fuhrwerke angewiesen. Autos oder Motorräder hatten die Vertriebenen meist nicht mehr. Diese waren überwiegend von der Armee konfisziert. Ihre Wagen waren bis oben hin voll beladen. Für die Menschen war darauf selten Platz. Sie selbst liefen den ganzen Weg meist neben ihren Fuhrwerken her. Soweit es ging, hatten sie ihr Hab und Gut auf ihre Pferdefuhrwerke geladen. Viele nahmen auch außer ihren Zugpferden weitere Tiere mit. Hauptsächlich hatten sie Kühe hinter den Wagen gespannt.

Es war ein jämmerliches Bild, anzusehen, wie die Menschen erschöpft neben ihren Fuhrwerken herliefen. Es gab keine medizinische Versorgung, keine Lebensmittel unterwegs und kaum Trinkwasser. Tagelang waren sie schon auf den Beinen, dick eingepackt wegen der Eiseskälte. Manche trugen Babys auf dem Arm. Durch Erschöpfung, Krankheit und schlechte Versorgung waren viele Menschen überfordert und erreichten ihr Ziel nicht.

Einige Frauen aus unserer Siedlung standen oft an der Straße und versorgten die Flüchtlinge mit warmen Getränken und frischem Wasser. Wenn möglich, auch mit ein wenig Essen. Sicherlich hatten die Frauen dabei schon die Fragen im Hinterkopf: *„Müssen auch wir bald fliehen? Wie können wir dann unsere Heimat verlassen? Fahren dann noch Züge? Fuhrwerke haben wir ja nicht! Richtung Westen, ist das die richtige Wahl? Was würde uns* *da erwarten?"* Auch im Westen, seit der Invasion in der Normandie, kamen die feindlichen Truppen der Franzosen, Engländer und Amerikaner Deutschland immer näher. Hatte man vor den Russen mehr Angst als vor den Alliierten? Oder sollte man bleiben und sehen, was passiert? Viele Fragen, die keiner richtig beantworten konnte.

Immer öfter kam es vor, dass die Flüchtlinge Tiere zurückließen. Futter für die Tiere hatte auf den vollbeladenen Wagen kaum Platz. Unterwegs konnten sie aus Zeitgründen und wegen der mit Schnee bedeckten Felder die Tiere auch nicht weiden lassen. Das wenige Futter, das sie mitführten, brauchten sie für die Zugtiere. Man hatte sich die Flucht sicherlich zügiger und nicht so beschwerlich vorgestellt.

Vor unserem Kasernentor war ein großer freier Platz. Hier ließen manche ihre Tiere einfach zurück. Mit der Zeit sammelten sich viele Tiere an, überwiegend Kühe. Anfänglich kümmerte sich keiner um sie. Da die Kühe aber tagelang nicht gemolken wurden, schrieen sie vor Schmerzen. Eine beherzte Nachbarin, ich glaube, sie kam ursprünglich von einem Bauernhof, hatte Mitleid mit ihnen und melkte die Kühe. Die frische Milch verteilte sie an die umstehenden Leute. Das ging Tag für Tag so. Was später aus den Tieren geworden ist, ob man sie zum Schlachthof brachte oder einfach sich selbst überließ, daran habe ich keine Erinnerung.

Je näher das Weihnachtsfest kam, umso mehr war der Krieg zu spüren. Unsere Mutter sagte uns, dass auch wir wahrscheinlich Sorau bald verlassen müssten.

Sie wollte sicherlich nach Hause zu ihren Eltern. Weihnachten fühlte sich diesmal recht seltsam an. Vater war an der Front und es gab keinen Weihnachtsbaum. Wir besaßen diesmal nur einen Adventskranz. Den hatte unsere Mutter mit Mühen in der Stadt besorgt. Heilig Abend steckte sie vier neue Kerzen in den Kranz und zündete sie an, der Ersatz für den Weihnachtsbaum. Ich bekam auch nicht die Ritterburg, die ich mir noch immer wünschte und die sie mir beim Kauf meines Mantels versprochen hatte. Aber wenigstens eine ganze Armee bunter Bleisoldaten brachte mir der Weihnachtsmann. Und meine Schwester fand neue Kleidung für ihre Puppe neben dem Adventskranz. Auch das obligatorische Gedicht vor der Bescherung vor dem Weihnachtsbaum brauchten wir dieses Jahr nicht aufzusagen. Irgendwie war es eine beklemmende Stimmung an diesem Abend. Auch für uns Kinder. Wir spürten wohl, dass dies vorerst das letzte Weihnachten für uns in Sorau sein könnte.

Meine Mutter bemühte sich um Fahrkarten für unsere Flucht in den Westen, was sie meiner Schwester und mir zu diesem Zeitpunkt noch nicht sagte. Da nur noch wenige Züge für die Zivilbevölkerung fuhren, war das gar nicht einfach.

*

Anfang Februar 1945 erzählte uns Mutter, dass sie Fahrkarten zur Fahrt in den Westen bekommen hätte. Nun stand fest, dass auch wir die Flucht Richtung

Westen antreten würden. Wir wären gern zu unseren Großeltern nach Kassel gefahren, doch dies war zu diesem Zeitpunkt nicht möglich, da die Alliierten im Westen inzwischen nicht weit von der Stadt Kassel entfernt waren. Es wurden alle Wehrtauglichen, ob alte Männer oder größere Jungen, zur Verteidigung der Stadt einberufen. Es drohte dem die Todesstrafe, der sich zu kämpfen weigerte. Ein erbitterter, doch sinnloser Widerstand hatte begonnen.

Auch mein Großvater in Kassel wurde zur Verteidigung der Stadt einberufen und mit einem Maschinengewehr ausgerüstet. Da das Haus unmittelbar an der südlichen Stadtgrenze lag, sollte er mithelfen, die Südfront zu sichern. Er brachte das Maschinengewehr am oberen Fenster seines Hauses in Stellung. Doch was sollte er da schon ausrichten? Es waren kaum noch Männer vorhanden, um einen Einmarsch der Alliierten über die Eisenbahnbrücke der Frankfurter Straße im Süden der Stadt zu verhindern. Der Wahnsinn nahm an Stärke zu. Da aber die Amerikaner dann doch von Nordwesten in die Stadt einmarschierten, wurde dort versucht, die Alliierten Streitkräfte aufzuhalten. Vergebens. So blieb meinem Großvater der Kampf an der Südtangente erspart und schnell war ganz Kassel unter Kontrolle der Alliierten.

Je näher die Front auf Sorau zukam, umso deutlicher hörte man die Geschützdonner der sowjetischen Artillerie. Kampfflugzeuge flogen über unser Gebiet. Aufgrund dieser Ereignisse hatte mein Marburger Großvater uns eine Bleibe bei seinen Verwandten in der Schwalm im nördlichen Hessen besorgt. Mit dem Zug unsere Heimat zu verlassen sollte für uns die letzte Möglichkeit sein.

Mutter begann Sachen zusammenzusuchen, die wir mitnehmen wollten. Das war ein großes Problem. Was sollte man einpacken und was war wirklich wichtig? Konnten wir bald wieder zurück? Wer wusste das schon. Was war mit den Wertsachen? Wie viel Gepäck konnte man auf der Flucht tragen? Viele Fragen gingen meiner Mutter ständig durch den Kopf. Mehrmaliges Umsteigen bis zu unserem Reiseziel in der Schwalm war schon ein großes Problem, welches sie einzuplanen hatte.

*

Mehrmals packte meine Mutter die Sachen, die wir mitnehmen wollten, aus dem Schrank und wieder hinein. Auch meine Schwester und ich wurden von dem Geschehen angesteckt. Es war ein richtiges Durcheinander. Wir suchten alles zusammen, was uns wichtig erschien. Natürlich in der Mehrheit Spielsachen. Klar, dass meine Mutter die nicht mitnehmen wollte. Andere Dinge waren lebensnotwendiger. Vor allem Kleidung und Windeln für unseren kleinen Bruder wollte sie einpacken. Auch wichtige Dokumente legte sie zurecht. Sie überzeugte uns, dass wir unsere liebsten Spielsachen nicht mitnehmen konnten. Wir sollten sie verstecken, meinte sie. Neben meinem fernsteuerbaren VW waren dies meine Eisenbahn und die Bleisoldaten. Meine Schwester wollte eine Puppe, ein paar Bücher und unbedingt ihre neuen Puppenkleider sicher verstauen.

Ob wir diese Sachen jemals wiedersehen würden? Mutter bestärkte uns in dem Glauben, dass wir bald wieder zurückkämen. Auch sie wollte ein paar wertvolle Dinge verstecken. Sie suchte unsere Silberbestecke und einige Schmuckstücke aus. Auch ein Fotoapparat, ein Fotoalbum und eine Uhr von unserem Vater wollte sie sicher verbergen. Heute glaube ich, dass sie das nur tat, um uns zu beruhigen. Alles zusammen, schön eingepackt, vergruben wir im Keller unter den Steinkohlen. Da werden die Russen unsere Sachen bestimmt nicht suchen. Von der Illusion getragen, wieder zurückzukommen, packten wir auch unseren Weihnachtsschmuck unter die Kohlen in der Hoffnung, im nächsten Jahr wieder mit unserem Vater und einem richtigen Tannenbaum aus dem Wald Weihnachten feiern zu können. Aber das sollte wohl eine Illusion bleiben. Die Bewohner, die später in unsere Wohnung kamen, umgesiedelte Polen, werden sich bestimmt über den Fund gefreut haben, glauben wir.

Nun kam die große Frage, worin sollte alles, was wir mitnehmen wollten, verstaut werden? Im kommenden Frühjahr sollte meine Einschulung sein. Meine Eltern hatten mir bereits einen Schulranzen besorgt. Auch eine Schiefertafel hatten sie schon gekauft, die ich mitnehmen durfte. Der Schulranzen wurde mit wichtigen Sachen vollgepackt. Auch der Ranzen meiner Schwester. Zwei Taschen, einen Rucksack und einen großen Koffer füllte meine Mutter mit den zurechtgelegten

Diesen Kinderwagen packte meine Mutter
so voll wie möglich

Kleidungsstücken. Hauptsächlich warme Sachen, denn es war Winter. Oder sollte sie auch Sommerkleidung einpacken? Davon nahm sie in paar Teile mit, denn es war in diesem Moment nicht abzusehen, wann und ob wir überhaupt wieder zurückkehren könnten. Doch so weit wollte keiner von uns denken. Die beiden Ranzen sollte ich und die Taschen meine Schwester tragen. Eine geniale Idee meiner Mutter war, den Rest im Kinderwagen zu verstauen. Er war voll, sodass mein Bruder nur noch obenauf liegen konnte. Sie packte die Sachen aber so geschickt, dass er durch eine Mulde in der Mitte nicht herausfallen konnte.

Aufgeregt gingen wir an diesem Abend zu Bett. Aber richtig schlafen konnten wir nicht. Am nächsten Morgen sollte es losgehen.

Die Flucht

Der Tag der Abreise war gekommen. Schon früh waren wir auf den Beinen, weil wir pünktlich am Bahnhof sein wollten. Den letzten Zug Richtung Westen für Zivilreisende durften wir nicht verpassen und der lange Fußmarsch lag ja auch noch vor uns. So gut wie möglich verstauten wir alle Gepäckstücke in unserem Bollerwagen. Warm angezogen ging es Richtung Bahnhof. Meine Schwester und ich zogen den Bollerwagen. Meine Mutter schob den Kinderwagen. Oben auf, dick eingepackt, unser Bruder. Es war bitter kalt. Laut Aufzeichnung war es einer der kältesten Winter seit Jahren.

Am Bahnhof angekommen, schleppten wir die Gepäckstücke auf den Bahnsteig. Den Bollerwagen ließen wir vorm Bahnhof stehen. Was sollten wir noch damit? Wir waren sehr pünktlich, der Zug war noch nicht da. Damit beim Einsteigen alles schnell gehen konnte, hängte mir Mutter die Ranzen um. Einen von vorn und einen von hinten. Doch es dauerte und dauerte. Der Zug hatte wohl Verspätung. Mir waren die Ranzen viel zu lästig und ich zog sie wieder ab. Da der Zug aber jede Minute kommen konnte, bekam ich die Ranzen wieder umgeschnallt. Diese Prozedur wiederholte sich noch zweimal, obwohl Mutter schon wütend war. Ich wollte meinen Dickkopf durchsetzen. Konnte man von einem Fünfjährigen auch so viel Geduld erwarten? Mutter war aber total genervt. Für sie waren die Flucht und die Reise ein enormer Stress und mit viel Wehmut verbunden. Es war nicht wie sonst, wenn wir die Reise nach Kassel antraten. Es war ein Reise ins Ungewisse. Doch was die Flucht für meine Mutter bedeutete, konnte ich mir natürlich nicht vorstellen.

Endlich kam der Zug. Beim Einsteigen war uns ein netter Soldat behilflich. Vor allem mit dem Kinderwagen war es schon schwierig. Wir hatten einen Wagen mit vielen Einzelabteilen gefunden, so dass wir den Kinderwagen auf dem Gang stehen lassen konnten. Unsere Gepäckstücke kamen in das Gepäcknetz. Nur den Koffer konnte Mutter dort nicht unterbringen. Der war zu schwer. So blieb er zunächst am Boden stehen. Wir waren vorerst alleine in diesem Abteil. Später stieg noch eine Frau hinzu. Als der Zug anfuhr, atmete Mutter tief durch. Endlich hatten wir es geschafft. Wir konnten Sorau verlassen, das nur Tage später bereits von der Roten Armee eingenommen wurde.

Die Fahrt ging diesmal nicht über Dresden, da diese Stadt nach bisher vergleichbar harmlosen Angriffen am 13. Februar 1945 gerade von den Engländern in Schutt und Asche gebombt worden war. Mehrere Zehntausend Menschen verloren an diesem Tag in Dresden ihr Leben, darunter auch viele Flüchtlinge, die ihre Reiseroute über Dresden gewählt hatten.

Unsere Reiseroute verlief jetzt aufgrund des Dresdner Bombardements über Berlin, Magdeburg, Mühlhausen Richtung Eschwege. Hier sollten wir Anschluss in Richtung Schwalm haben. Bis dahin mussten wir jedoch mehrmals umsteigen. Das erste Mal in Berlin. Das war sehr anstrengend, denn mehrere Bahnsteige weiter sollte unser Anschlusszug stehen. Auf dem Bahnhof herrschte eine große Hektik. Die Menschen rannten hin und her. Jeder suchte wohl seinen Zug. Es war ein heilloses Durcheinander. Durchsagen oder Hinweisschilder gab es nicht. Auch Mutter war zunächst orientierungslos. Sie platzierte uns drei mit dem gesamten Gepäck auf dem Bahnsteig, an dem wir angekommen waren. Hier sollten wir warten, bis Mutter in Erfahrung bringen konnte, von welchem Gleis unser Anschlusszug fahren sollte. Nach einiger Zeit kam sie zurück. Sie hatte endlich herausgefunden, von wo die Reise weitergehen sollte. Dorthin brachten wir mit viel Mühe unser ganzes Gepäck. Zwei Landser halfen uns, unser Gepäck im Zug zu verstauen. Vor allem den Kinderwagen. Zum Glück fanden wir ein leeres Abteil. Erschöpft ließ sich unsere Mutter, nachdem sie unseren kleinen Bruder auf die Bank gelegt hatte, auf dem Sitz nieder.

In Magdeburg hatten wir längeren Aufenthalt. Auch hier herrschte großes Treiben. Die Zeit bis zur Abfahrt nutzte meine Mutter, um die Flasche für unseren Bruder aufzuwärmen. Dabei war der Bahnhofsvorsteher meiner Mutter behilflich. Er war ein netter Mann, er half uns auch dabei, unser Gepäck in dem Anschlusszug zu verstauen. In unserem Abteil waren wir vorerst alleine. Doch dann stieg doch noch ein älteres Ehepaar zu und bald darauf ging die Fahrt weiter. Inzwischen war es schon stockdunkel und in unserem Abteil brannte nur die blaue Notbeleuchtung. Außerdem war es sehr kalt, weil der Wagen, wahrscheinlich der ganze Zug, nicht beheizt war.

Mein Bruder bekam die Flasche. Für uns war der Reiseproviant im Rucksack. Tee gab es aus der Thermoskanne und belegte Brote hatte unsere Mutter eingepackt. Auch ein wenig Kartoffelsalat und Frikadellen hatten wir dabei. Das musste zuerst gegessen werden. Hunger hatten wir inzwischen reichlich.

Mitten in der Nacht kamen wir in Mühlhausen an. Hier stand unser Zug nach Eschwege. Wieder mussten wir umsteigen. Eschwege sollte dann die letzte Zwischenstation sein. Doch bis zum Morgen dauerte es, bis der Zug sich in Bewegung setzte. Wir waren so erschöpft, dass wir versuchten, ein wenig zu schlafen. Im Abteil war es bitter kalt. Auch dieser Zug wurde nicht beheizt. So gut es ging, wickelten wir uns in unsere dicke Winterkleidung ein. Wir waren nun schon den zweiten Tag unterwegs. Am späten Vormittag in Eschwege angekommen, stiegen wir in den Zug nach Treysa (dem heutigen Schwalmstadt), der uns unserem Ziel näher bringen sollte. Doch es kam anders.

*

In Eschwege fanden wir wieder einen Wagen mit einem Seitengang, von dem einzelne Abteile abgingen. Es war der dritte Wagen hinter der Lokomotive. Den Kinderwagen konnten wir in einem Waggon davor unterstellen. Diese Wagen der dritten Klasse hatten für jedes Abteil eine eigene Einstiegstür. Unser Kinderwagen wurde im letzten Abteil dieses Wagens untergestellt.

Mit in unserem Abteil fuhr noch ein älteres Ehepaar, das wie wir, auch in die Schwalm wollte. Wahrscheinlich waren sie auch auf der Flucht, doch das haben wir nicht erfahren. Sie waren sehr schweigsam, sodass kein richtiges Gespräch unter den Erwachsenen zusammenkam. Auch sie hatten viel Gepäck dabei. Unter anderem einen großen Sperrholzkoffer, den sie im Gepäcknetz verstauten. Eine ganze Sitzbank gehörte aber uns und so fanden wir für unseren Bruder einen idealen Platz zum Schlafen. Er schlummerte friedlich in seiner Decke. Auf der ganzen Fahrt war er wirklich sehr ruhig und weinte kaum. Vielleicht spürte auch er schon den Ernst der Lage.

Es war inzwischen später Sonntagnachmittag, als der Zug sich in Bewegung setzte. Der Himmel war stark wolkenverhangen, es fing schon leicht an zu dämmern. In den anderen Abteilen unseres Waggons waren nur Zivilisten. In den beiden vorderen Wagen fuhren Soldaten auf Fronturlaub. Der Zug war voll besetzt. Waldkappel hatten wir bereits hinter uns gelassen und fuhren jetzt Richtung Spangenberg. Hier war für unseren Personenzug freie Durchfahrt auf Gleis 1 vorgesehen.

Kurz vor dem Bahnhof wollte meine Schwester zur Toilette. Diese waren jeweils am Ende des Waggons. Sie ging raus auf den Gang und ich natürlich hinterher. Sie wählte die Toilette vorn in Fahrtrichtung. An der Toilette angekommen, versuchte sie die Tür, zu öffnen. Doch die Tür klemmte. Sie versuchte es mehrmals und drückte mit ihrem Körper dagegen. Die Tür hielt stand. Plötzlich jedoch quietschten die Bremsen des Zuges ohrenbetäubend und dann gab es einen fürchterlichen Knall. Die Tür sprang auf und wir beide flogen in die Toilettenkabine.

Wir schrieen beide laut auf, meine Schwester sprang hoch, ich fiel zur Seite. Sie ließ mich liegen und rannte zur Wagentür, die sich gleich neben der Toilette befand. *„Das war ich. Ich hab Schuld"*, rief sie aus vollem Hals und war der Meinung, das Chaos angerichtet zu haben. Ich wusste gar nicht, was sie damit meinte. Dabei konnte sie noch gar nicht wissen, was passiert war. Total in Panik und voller angeblicher Schuldgefühle öffnete sie die Waggontür, sprang aus dem Zug und rannte die Böschung hinauf, als wolle sie vor einer Bestrafung davonrennen. Ich hinterher, kam kaum den Berg hoch. Oben auf der Anhöhe blieb sie wie versteinert stehen. Wir sahen ein Bild des Grauens auf dem Bahnhof unter uns und konnten nicht erahnen, was wirklich passiert war. Zur gleichen Zeit flog in unserem Abteil durch den Aufprall das Gepäck aus den Gepäcknetzen. Auch der große Sperrholzkoffer stürzte herunter und haarscharf an meinem Bruder vorbei auf den Boden. Glücklicherweise war meine Mutter gerade dabei, unseren Bruder, der freigestrampelt auf der Bank lag, zuzudecken. Doch im Moment des lauten Knalls riss sie ihn unbewusst schnell an sich und verhinderte so, dass er von der Bank fiel und vom Koffer getroffen wurde. Überall entstand ein heilloses Durcheinander. Nicht nur in unserem Abteil. Die Passagiere sprangen aus dem Zug, liefen auf dem Bahnsteig verwirrt hin und her. Es dauerte eine Weile, bis man einen Überblick über die Situation bekam.

Unser Zug, aus Waldkappel kommend, der für die Durchfahrt auf Gleis 1 vorgesehen war, wurde fälschlicherweise durch den Bahnbediensteten auf das mit einem stehenden Güterzug besetzte Gleis 2 geführt. Hier kam es zu einem Frontal-Zusammenstoß. Die Lokomotiven beider Züge stießen aufeinander. Durch den Aufprall ragte unsere Lokomotive kerzengerade mit dem Dampfkessel voran in die Höhe. Außen an der Lokomotive, halb aus dem Fenster ragend, sahen wir einen schwarz gekleideten Mann. Es muss der Heizer gewesen sein, der durch das Fenster halbwegs aus der Lok geschleudert wurde. Er hing leblos an der Außenwand der Lokomotive und muss wohl durch Verbrennungen ums Leben gekommen sein.

Die ersten beiden Waggons mit den Soldaten waren erheblich zusammengedrückt. Hauptsächlich aber der erste Wagen. Die eingeklemmten, verletzten Landser hörte man laut schreien. Die ganze Situation war recht chaotisch und unübersichtlich. Ein fürchterlicher Anblick. Nur weil der Unfall direkt im Bahnhof mitten im Ort passierte, waren auch relativ schnell Helfer aus den umliegenden Häusern zur Stelle. Der vordere Waggon mit eigener Tür für jedes Abteil war total verformt. Das war fatal, da die meisten Türen so verklemmt waren, dass man sie nicht öffnen konnte. Die Soldaten waren eingeklemmt und konnten sich nicht selbst befreien. Da man kein geeignetes Werkzeug zur Hand hatte, ver-

Der heutige Bahnhof Spangenberg beherbergt
nach Gleisstilllegung einen Kindergarten

suchten einige Männer, mit Äxten von außen die Wagenwände aufzuspalten, um die Soldaten zu befreien. Viele Menschen erlitten bei dem Unfall, nicht nur durch diese Aktion, schwere Verletzungen. Ob es außer dem Heizer noch weitere Tote gab, weiß ich nicht.

Das Ehepaar in unserem Abteil passte auf unseren Bruder auf, denn unsere Mutter war besorgt, dass meiner Schwester und mir etwas passiert sein könnte. Sie rannte auf dem Bahnsteig auf und ab, fand uns aber nicht. Es herrschte nach dem Unfall ein totales Chaos. Unsere Mutter suchte den ganzen Bahnsteig ab. Erst auf der anderen Zugseite entdeckte sie uns ganz verschreckt auf dem Bahndamm stehen. Sie kam zu uns und nahm uns in den Arm. Meine Schwester war kaum zu beruhigen über das, was sie angeblich angerichtet hatte. Sie zitterte am ganzen Körper. Jegliches Einreden auf sie war erfolglos. Wir gingen dann doch zurück zum Zug und luden wie in Trance unser Gepäck aus dem Abteil aus. Das Ehepaar , das auf unseren Bruder aufgepasst hatte, half uns dabei.

Aus den nahe gelegenen Häusern kamen hilfsbereite Anwohner. Inzwischen war es schon dunkel geworden und wegen der Tiefflieger erhellte nur spärliches Licht den Bahnhof. Eine Frau entdeckte gleich meine Mutter, die mit den drei Kindern und dem ganzen Gepäck hilflos auf dem Bahnsteig stand. Sie kam auf uns zu und sagte, wir sollten erst mal zu ihr nach Hause kommen. Sie sah wohl, dass wir völlig verschreckt und verstört waren. Sie nahm unseren Koffer und wollte mit uns zu ihrem Haus gehen, das gleich neben dem Bahndamm stand. Doch ehe wir mit der freundlichen Frau zu ihrem Haus gehen konnten, bemühte sich meine Mutter, den Kinderwagen zu bergen. Sie gab der liebvollen Frau unseren Bruder in den Arm und lief zu den vorderen Waggons. Immer noch versuchten Helfer, die Waggontüren zu öffnen. Meine Mutter sprach ganz verzweifelt einen der Helfer an, die letzte Waggontür des zweiten Wagens zu öffnen. Es dauerte aber eine ganze

Weile, bis sich die Waggontür, hinter der sich unser Kinderwagen befand, öffnen ließ. Der Kinderwagen hatte den Aufprall gut überstanden, aber all die Sachen, die Mutter mühsam im Kinderwagen verstaut hatte, lagen wild im Abteil herum. So gut es ging, packte sie alles wieder in den Kinderwagen und wir konnten endlich mit der Frau zu unserem Notquartier gehen.

Es war ein nettes kleines Häuschen direkt am Bahndamm. Hier wohnte sie mit zwei Kindern, ihr Mann war im Krieg. Sie führte uns in die Wohnstube und versuchte, uns zu beruhigen, obwohl sie selbst von der Situation überfordert schien. Nachdem sie uns erst einmal etwas Heißes zu trinken gegeben hatte, richtete sie gleich das Kinderzimmer für uns her. Ihre beiden Kinder nahm sie mit in ihr Schlafzimmer. So konnten wir die Nacht in dem Kinderzimmer verbringen und hatten einen Raum für uns. Liebevoll versorgte uns die Frau mit Essen und Trinken, obwohl sie selbst nicht viel hatte. Langsam beruhigte sich auch meine Schwester. Vielleicht hatte sie inzwischen verstanden, dass sie diesen schrecklichen Unfall nicht verursacht haben konnte. Zu langen Gesprächen kam es nicht mehr, doch die Frau versprach uns, mit aufzupassen, wann ein Anschlusszug fahren würde. Kurze Zeit später, wir waren alle von den schrecklichen Ereignissen so erschöpft, schliefen wir recht bald ein. Am anderen Morgen machte unsere Gastgeberin uns ein Frühstück und hatte sogar frische Milch für die Flasche unseres Bruders. Doch Mutter hatte keine Ruhe, das Frühstück zu genießen, denn sie wollte auf dem Bahnhof in Erfahrung bringen, ob und wann es eine Möglichkeit zur Weiterfahrt nach Ziegenhain gäbe.

*

Kurz vor Mittag sollte ein Ersatzzug die Fahrt nach Treysa (heute ein Stadtteil von Schwalmstadt) übernehmen. Auf dem Bahnhof auf Gleis 2 war das Chaos noch groß. Männer aus dem Ort und einige der nicht verletzten Fronturlauber waren mit den Aufräumarbeiten beschäftigt. Am Ende des Gleises versuchten sie, mit einer weiteren Lokomotive die havarierten Züge auseinanderzuziehen. Es schien, als wären die eingeschlossenen Landser noch in der Nacht befreit worden, denn die ersten beiden Waggons waren inzwischen leer. Wir standen schon am Bahnsteig, als der Ersatzzug einfuhr. Beim Einsteigen kam doch ein seltsames Gefühl auf. Irgendwie hatte man Angst, es könnte wieder etwas passieren. Aber auch weil der Zug so sonderbar aussah. Die Wagen waren Güterwagen für Viehtransporte mit einer Schiebetür an der Seite. Die Viehwagen hatten keine Sitze. Wir konnten nur auf dem Boden Platz nehmen, um während der Fahrt Halt zu haben. Schon beim Anfahren des Zuges merkten wir, dass es die richtige Entscheidung war, sich hinzusetzen. Es war kalt und ungemütlich in dem Güterwagen. Unser Gepäck verstauten wir in einer Ecke, sodass der Kinderwagen ein wenig Halt hatte. Trotzdem waren wir froh, dass unsere Reise ins Ungewisse weiterging. Auch einige Soldaten aus dem havarierten Zug waren mit in unserem Waggon. Kaum einer sprach ein Wort. Jeder versuchte auf seine Art, das Erlebte zu verarbeiten. Sicherlich haben die meisten in dieser Nacht keinen Schlaf bekommen.

Der Zug verließ Spangenberg und nach einigen Stopps waren wir dann doch in gut drei Stunden in Treysa. Die Fahrt kam uns unendlich lang vor. In Treysa endete dieser Zug und es war inzwischen später Abend. Erst am nächsten Tag war es möglich, nach Ziegenhain (heute auch ein Stadtteil von Schwalmstadt) weiterzureisen. Die Nacht verbrachten wir im kalten Wartesaal mit vielen Menschen auf Bänken oder auf dem Boden. Es waren die Mitreisenden aus unserem Zug, die alle insgeheim auf die Weiterfahrt warteten. Auch die mitreisenden Soldaten waren hier untergekommen. An Schlaf war kaum zu denken. Froh waren wir, als die Nacht im Wartesaal vorbei war und wir am nächsten Vormittag nach einem weiteren unfreiwilligen Stopp nach Ziegenhain reisen konnten.

*

Bevor wir zu unserem endgültigen Ziel bei seinem Schwager in Seigertshausen weiterfahren konnten, hatte mein Großvater aus Marburg zwei Übernachtungen bei seiner Schwester in Rörshain, ein Dorf in der Nähe von Seigertshausen, vorgesehen.

Da wir durch das Zugunglück einen ganzen Tag verspätet waren und wir so nicht pünktlich in Ziegenhain angekommen sind, wusste niemand, wann wir Ziegenhain erreichen würden. Ein Grund, dass wir

Marburg

Korbach

• Bad Wildungen

Schwalmstadt
• Rörshain

Ziegenhain

• Obergrenzebach

Seigertshausen

Breitenbach

Kassel

Melsungen

Bad Hersfeld

Spangenberg

Wald-Kappel

Topografische Karte
von Nord- und Mittelhessen

nicht abgeholt wurden. Großvaters Schwester hatte auch keine Möglichkeit dazu. Sie war allein, ihr Mann war schon vor einigen Jahren gestorben. Nach Bus und Taxi hielten wir vergeblich Ausschau. Uns blieb nur der Fußmarsch von etwa fünf Kilometern nach Rörshain. Der Marsch war nicht das Schlimmste, denn Laufen waren wir ja von Sorau gewohnt. Aber die vielen Gepäckstücke zu transportieren machte uns arg zu schaffen. Schon drei Nächte fanden wir nicht den nötigen Schlaf. Wir waren total erschöpft und übermüdet. Mit vielen Pausen zwischendurch bewältigten wir schließlich Stück für Stück die Strecke und erreichten den Ort. Meine Mutter war noch nie in Rörshain. Sie kannte sich nicht aus und musste sich erst mühsam durchfragen. Schließlich fanden wir das Haus unserer Verwandten.

Der Empfang war nicht gerade freundlich. Großvaters Schwester nahm uns nur ungern auf, wie Mutter später erzählte, obwohl es jetzt lediglich nur noch für eine Nacht sein sollte, ehe wir zu dem eigentlichen Quartier in Seigertshausen weiterreisen konnten. Meine Mutter konnte nicht verstehen, dass diese Frau, die ja auch die Tante meiner Mutter war, so merkwürdig reagierte. Vor allem in einer Zeit, in der man doch eng zusammenstehen sollte. Ich glaube, mein Großvater sprach sie später auf diesen Vorfall an. Angeblich entschuldigte sie sich und meinte aber, dass sie als Witwe damals genug eigene Sorgen gehabt hätte. All die Strapazen der letzten Monate, die Flucht und dann auch noch das Zugunglück brachten meine Mutter an den Rand ihrer Kräfte und ließen sie schier verzweifeln. Sie hatte sich ein wenig mehr Freundlichkeit von ihrer Tante erwartet, so weinte sie fast die ganze Nacht über vor Enttäuschung, obwohl sie den Schlaf bitter nötig hatte. Die Flucht belastete sie immer mehr.

Am nächsten Morgen kam *Jukup* (so nannte man *Jakob* in der Schwalm), der Schwager meines Großvaters, mit einem Fuhrwerk, um uns zu seinem kleinen Bauernhof in Seigertshausen abzuholen. Mit einem unguten Gefühl fuhr unsere Mutter mit uns weiter zu den nächsten Verwandten.

Heimatlos

Jakob fuhr mit uns zu seinem Dorf. Das waren einige Kilometer und es ging recht langsam voran. Zwei Kühe zogen den Leiterwagen. Pferde gab es nur wenige. Meist nur auf den größeren Bauernhöfen oder sie waren dem Militär vorbehalten. Meine Mutter und meine Schwester saßen auf der Ladefläche des Leiterwagens, daneben unser Gepäck samt Kinderwagen. Meinen Bruder hielt unsere Mutter in den Armen. Vorn zwischen den Leitersprossen hatte Jakob ein Sitzbrett eingebaut. Darauf nahm er Platz. Ich durfte mich daneben setzen. Er war zwar nicht sehr gesprächig, aber ich glaubte, er mochte mich. Mir machte das Spaß, denn auf einem großen Leiterwagen hatte ich noch nie gesessen. Ich durfte sogar die Zügel in die Hand nehmen. Darauf war ich stolz und vergessen war die ganze Anstrengung der langen Reise. Hier begann für mich ein viermonatiges Abenteuer.

Je näher wir dem Dorf kamen, umso schweigsamer wurde meine Mutter. Sie war noch deprimiert von der unfreundlichen Aufnahme ihrer Tante. Ob wir wohl in Seigertshausen auch so reserviert wie in Rörshain aufgenommen würden? War der zurückhaltende Jakob ein Indiz dafür? All das beschäftigte Mutter während der Fahrt.

Wir erreichten den Ortseingang. Ein Stück weiter ging es rechts den Schlossberg hoch. Die Kühe mussten sich enorm anstrengen, denn die Straße stieg sehr steil an. Oben angekommen, bogen sie nach links ab. Die Kühe fanden ganz allein den Weg. Wir fuhren weiter bis zum letzten Haus auf der rechten Seite, das unsere Bleibe werden sollte.

Das letzte Haus rechts am Schlossberg war nun unser neues Zuhause in Seigertshausen, dahinter die Stallungen

Vor dem Haus angekommen, stand oben auf der Treppe ein zierliche Frau, die Schwägerin von unserem Großvater aus Marburg. Sie war seltsam angezogen. So etwas hatte ich noch nie gesehen. Um ihren zarten Körper trug sie viele Röcke mit einer Schürze darüber. Das Oberteil bestand aus einer bunt bestickten Weste, unter der sie eine weiße Bluse anhatte. Das Haar war zu einem Knoten mitten auf dem Kopf gebunden. Eine schwarze Stoffhülle, verschnürt unter dem Kinn, verzierte den Knoten. Ihre langen weiße Strümpfe schauten unter den Röcken hervor und sie hatte schwarze Halbschuhe an. So sah also eine echte Schwälmerin in ihrer Tracht aus.

Nun traten auch ihre Tochter und ihr Sohn aus dem Haus. Sie alle kamen die Treppe herunter, empfingen uns ein wenig wortkarg, aber doch recht freundlich. Vielleicht wussten sie auch nicht, was sie in dieser Situation sagen sollten. Meine Mutter konnte wegen ihrer Bedenken aber erleichtert aufatmen. Annels (Anna-Elise wäre wohl der hochdeutsche Name), so hieß die Tochter, war recht zugänglich und half gleich beim Abladen. Der Sohn machte erst keine Anstalten, mit anzupacken. Er war wohl auch ein wenig krank, sonst wäre er bestimmt beim Militär gewesen. Wir brachten gemeinsam unsere Sachen die Steintreppe hoch ins Haus. Hinter der Haustür erstreckte sich eine große Diele, an deren Ende sich auch die Küche befand. In der Diele stellten wir den Kinderwagen ab. Auf der linken Dielenseite ging eine Treppe nach oben in den ersten Stock. Unter der Treppe befand sich die Tür zu unserem

Zimmer mit einem recht kleinem Fenster, das zur Straße lag. Hier hinein brachten wir erst einmal unser ganzes Hab und Gut.

Wir gingen gemeinsam in die Stube. Jakobs Frau, man nannte sie Leisewet, was auch immer das für ein Schwälmer Name war, machte zuerst uns Kindern eine heiße Milch. Die Erwachsenen tranken einen Kaffee. Jakob goss sich so viel Milch in den Kaffee, dass der Kaffee ganz weiß wurde. Da saßen wir nun und waren erst einmal für die nächste Zeit in unserer Wahlheimat angekommen.

Mutter musste von unserer Flucht berichten, wie lange wir schon unterwegs waren und auch von dem schrecklichen Unfall in Spangenberg. Dann wollte Leisewet noch wissen, wie wir von den Verwandten in Rörshain aufgenommen worden waren und wie es denen ging. Was sollte meine Mutter dazu sagen? Sie verschwieg das Dilemma mit ihrer Tante und äußerte sich zurückhaltend zu den Fragen. So plätscherte die Unterhaltung vor sich hin. Sie kam uns wie eine Ewigkeit vor und wir waren froh, dass wir uns bald in unser Zimmer zurückziehen und ausruhen konnten. Wir waren alle todmüde. Aber Mutter war froh, dass wir hier doch wohlwollend aufgenommen wurden.

*

In der Küche auf der Diele stand ein großer gusseiserner Herd, der mit Holz und Kohle beheizt wurde. Mehrere herausnehmbare Ringe dienten dazu, die

Töpfe direkt ins Feuer zu stellen. So verkürzte sich der Kochprozess. Ein eingebauter Kessel sorgte ständig für warmes Wasser. Hier wurde also gekocht und geheizt. Es war Leisewets Küche. Nur in der Stube, wo wir auch aßen, war noch ein Kachelofen. Darüber hinaus gab es im ganzen Haus keine weitere Heizmöglichkeit. Die Stube war sehr spartanisch eingerichtet. Eine Vitrine und ein Wandschrank, in denen das wenige Geschirr aufbewahrt wurde, ein großer Tisch mit acht Stühlen bildeten das Mobiliar. Bilder gab es nicht. Nur ein Fenster zur Straße brachte ein wenig Licht in den Raum, der wie alle Zimmer im Haus recht niedrig war. Die Fenster waren sehr klein und die dunklen Deckenbalken taten noch ihr Übriges für ein düsteres Ambiente. Menschen mit dem heutigen großen Wuchs könnten kaum aufrecht in den Zimmern stehen.

Von der Stube aus ging hinten noch ein kleiner Raum ab. Hier schliefen Jakob und seine Frau. Die Betten standen hintereinander an der Wand, weil der Raum so schmal war. Ein Fenster gab es hier nicht. Die Matratzen in den Betten waren wie im ganzen Haus aus Stroh. Das Stroh, in Jutesäcke verpackt, wurde von Zeit zu Zeit ausgetauscht, da es sich sehr schnell zusammendrückte und dadurch hart wurde. Wir haben es selbst erleben können, dass man auf einer Strohunterlage wirklich schlafen kann.

Von der Diele ging es durch einen Vorraum in den Stall, der direkt mit dem Wohnhaus verbunden war. In diesem Durchgang standen noch eine kleine viereckige Kommode und eine Truhe. In der Truhe bewahrten sie ihr Brot in Leinentüchern auf, das so über mehrere Wochen haltbar war. Auf der Kommode stand die Schüssel, in der die frisch gemolkene Milch aufbewahrt wurde.

Hinter dem Durchgang, im Stall, befanden sich ein paar Ziegen und sechs Kühe. Auch zwei Schweine hatten hier ihr Zuhause. Die Hühner, die sich meist draußen aufhielten, hatten auch einen Zugang zum Stall. Über dem Stall war der Boden für Heu und Stroh. Am Ende des Stalles führte eine Tür ins Freie. Dort war auch das Plumpsklosett. Man musste also, um das sogenannte Geschäft zu verrichten, über die Diele durch den Stall ins Freie auf den Hinterhof. Und das Sommer wie Winter. Die Tür des Plumpsklosetts zierte ein kleines ausgeschnittenes Herz, das als Lichtquelle für den Innenraum diente. Auch wenn es kalter Winter war, gab es in dem Häuschen Fliegen ohne Ende. Das war noch recht primitiv. Hier schien die Zeit stehen geblieben zu sein.

*

Meine Schwester hat schnell bei der siebzehnjährigen Annels Anschluss gefunden. Sie konnte sogar bei ihr im Zimmer schlafen und sie unternahmen auch viel zusammen. Auch ich hatte bald einen Freund gefunden. Mein neuer Freund wohnte in der Nachbarschaft zwei Häuser weiter am Schlossberg. Helmut hieß er und war nur ein paar Monate älter als ich. Meine Schwester und ich gewöhnten uns schnell an die neue Situation in der Schwalm. Mein Bruder war als Baby noch zu klein, um die Gegebenheiten verstehen und erleben zu können. Meine Mutter jedoch hatte mit dieser Situation sicherlich schwer zu kämpfen. Als Alleinerziehende mit drei Kindern in total fremder Umgebung setzte ihr das neue Leben arg zu. Es gab damals noch kein soziales Auffangnetz. Schon in Sorau, fern von ihrer Heimat, war sie nie richtig angekommen und deshalb auch oft längere Zeit in Kassel. Hier in der Schwalm fühlte sie sich erst recht heimatlos, obwohl die Verwandten verständnisvoll waren. Es war für sie wohl die schwierigste Phase ihres Lebens und nicht leicht, sich hier an diesen dörflichen Lebensstil anzupassen, da sie ja von Sorau einen anderen Standard gewohnt war.

So gut es ging, versuchte Mutter sich im Haus und in der Landwirtschaft nützlich zu machen. Sie wollte schließlich nicht ständig die Nehmende sein. Doch das dörfliche Leben war eine Herausforderung für sie und auch sehr ungewohnt. Ob Groß oder Klein, hier duzten sich alle. Auch standen die Türen immer offen. Kam zum Beispiel eine Nachbarin ins Haus, ging sie ohne zu fragen einfach an den Herd, hob den Deckel vom Kochtopf hoch, um nachzuschauen, was heute gekocht wurde. So eine seltsame Offenheit kannten wir bisher nicht.

Fließendes Wasser gab es wie wohl in den meisten Häusern nur in der Küche. Kaltes Wasser. Mit der Hygiene war es dann auch nicht weit her. Ein richtiges Badezimmer hatte hier auf dem Dorf wohl kaum einer. Das kannten wir von unserer modernen Wohnung in Sorau anders. Waschen mussten wir uns auf dem Zimmer in einer Waschschüssel. Richtig baden in einer Wanne haben wir sehr vermisst. Ich habe keine Erinnerung daran, wie Jakob und seine Familie sich gewaschen haben. Wohl auch nur in einer Waschschüssel.

Ein Wickelbrett für meinen kleinen Bruder gab es auch nicht. Mutter wickelte ihn auf dem Bett als Ersatz für eine Wickelkommode. Milch für die Flasche gab es aber genug. Frisch gemolken, stand sie meist in einer großen Schüssel im Durchgang auf dem Schrank. Die Milch machte meine Mutter in einem Topf in der Küche warm und goss sie in einen großen Milchgießer. So konnte sie die Milch leichter in die Baby-Flasche umfüllen. Groß war der Schreck, als meine Mutter einmal den Milchgießer, weil die Milch noch zu heiß war, auf dem Schrank abstellte. Etwas später, sie wollte gerade die Milch in die Flasche gießen, sah sie einen dicken dunkelgrauen Faden aus dem Milchgießer ragen. Plötzlich schrie sie auf, als sie entdeckte, dass eine große Maus Hals über Kopf in dem Gießer steckte und der Schwanz herausragte. Von der heißen Milch verletzt, zappelte das Tier nur noch ein wenig. Meine Mutter zögerte nicht lange. Kurz entschlossen riss sie das Fenster auf, nahm den Gießer, warf ihn samt Milch und Maus auf die Straße. Nun, wir lebten halt auf einem Bauernhof, war die Erkenntnis aus diesem Ereignis.

*

Die Hauptmahlzeiten nahmen wir in der Stube gemeinsam ein. Meistens waren die Speisen einfach und es kam nur auf den Tisch, was selbst erzeugt wurde. Nicht alles war nach unserem Geschmack. Was wir gar nicht mochten und wovor wir uns immer ein wenig ekelten, war die Mahlzeit mit Lattich-Salat. Leisewet schnitt den Salat in kleine Stücke und vermengte diese mit reichlich Dickmilch in einer großen Schüssel. Mit Salz gewürzt und mit Kräutern aus dem Garten verfeinert, war der Salat fertig. Er musste nur noch eine gewisse Zeit durchziehen. Durch die viele Dickmilch, in welcher der Salat schwamm, war er sehr lappig und recht flüssig, sodass man ihn gut mit einem Löffel essen konnte. Jeder hatte einen Löffel und aß damit den Salat aus der großen Schüssel. Teller für jeden gab es nicht. Das war ein fürchterliches Gekleckere und Gekrümele auf dem Tisch. Denn zum Salat reichte Leisewet noch selbst gebackenes Bauernbrot. Manchmal gab es auch Pellkartoffeln zum Salat. Jeder schälte sich seine Kartoffeln selbst und die Schalen landeten einfach auf dem Tisch. Ein Teller für die Schalen hätte zu viel Abwasch bedeutet. Dafür schrubbte man lieber hinterher den Tisch.

Das Brot jedoch war nach Schwälmer Backtradition selbst gebacken und sehr lecker. Für das roggenhaltige Brot wurde hausgemachter Sauerteig verwendet. Den Teig bereitete Leisewet am Abend vor und ließ ihn über Nacht ruhen. Am anderen Morgen knetete sie den Teig, schmeckte ihn mit etwas Salz ab und formte ihn zu großen runden Laiben. Diese kamen auf ein breites langes

Das Backhaus im Dorf,
zwischenzeitlich anderweitig genutzt, steht heute noch

Brett. Es waren bestimmt sieben oder acht Brote. Mit Leinentüchern abgedeckt trug Leisewet das Brot zum gemeindeeigenen Backhaus im Dorf. Dies machte sie einmal im Monat, denn dann war für sie Backtag. Helmut und ich fanden das immer spannend, wie die zierliche Frau das Brett mit dem vielen Brot auf der Schulter transportierte. Das Backhaus war weiter unten im Dorf. Sie musste schon ein ganzes Stück laufen. Weil mehrere Familien an einem Tag backen konnten, war der

Ofen schon angeheizt, als wir am Backhaus ankamen. Sie stellte das Brett ab und schob die einzelnen Laibe mit einer Holzschaufel auf die aus Schamottsteinen bestehende Backfläche. Im Backhaus, das keine Fenster hatte, war es immer unerträglich heiß und auch recht dunkel. Am meisten erhellte das leuchtende Feuer den Raum. Es dauerte eine ganze Zeit, bis das Brot fertig war. Leisewet blieb die ganze Zeit dabei und verfolgte den Backvorgang. Von Zeit zu Zeit bestrich sie das Brot mit etwas Wasser. So sollte es knuspriger werden.

Helmut, der mitgekommen war, und ich vertrieben uns die Zeit währenddessen vor dem Backhaus auf der Straße. Wir hatten viel Zeit, da wir noch nicht zur Schule gingen. Die fertig gebackenen Laibe packte Leisewet wieder auf das Brett und wir marschierten gemeinsam nach Hause. Ein Laib wurde sofort angeschnitten, weil das Brot warm am besten schmeckt, auch wenn es mal Bauchweh gab. War später das Brot abgekühlt, kam es in Leinentücher gewickelt in die Truhe im Durchgang. So hielt sich das Brot frisch bis zum nächsten Backtag.

*

Abends saßen wir oft lange in der Stube. Es war noch Winter und früh dunkel. Da fiel auf dem Hof selbst nicht so viel Arbeit an. Einige Nachbarinnen kamen dann zum Plaudern in unser Haus. Zwei Frauen brachten ihr Spinnrad und Wolle von ihren Schafen mit. Auch Leisewet holte ihr Spinnrad hervor. Es war interessant anzusehen, wie geschickt sie aus den dicken Wollknäueln, die wie Zuckerwatte aussahen, die Fäden sponnen, und das, obwohl es recht dunkel im Raum war. Nur eine Glühlampe an der Decke erhellte das Zimmer. Ab und zu flackerte das Licht, für kurze Zeit war es auch mal dunkel. Stromausfall war zu dieser Zeit nicht selten. Kerzen wurden dann nicht angezündet. Die waren zu kostbar, um damit die kurzen Dunkelphasen zu überbrücken. Man wartete geduldig, bis das Licht wieder anging.

Meine Mutter saß daneben und strickte. Die Wolle hatte ihr Frau Ritter, Helmuts Mutter, gegeben. Später stellte sich heraus, dass der Pullover mein Geburtstagsgeschenk werden sollte, denn ich hatte bald Geburtstag. Meine Schwester und ich saßen artig mit in der Runde und verfolgten die Szenerie.

Die Frauen aus dem Dorf sangen schon mal zusammen ein Volkslied aus der Heimat. Dann verbreitete sich eine wehmütige Stimmung im Raum. Doch meistens unterhielten sie sich. Natürlich in ihrer Schwälmer Mundart. Wir verstanden fast nichts von dem, was sie erzählten. Auch unsere Mutter konnte sich kaum an der Unterhaltung beteiligen, weil sie dem Schwälmer Dialekt nur mühsam folgen konnte. So viel aber konnte man heraushören, dass es in den Gesprächen meist um die momentane Lage hier im Land und um den Krieg ging. Alle hofften, dass der Krieg bald zu Ende sein würde, da die Alliierten auf dem Vormarsch waren. Wie auch immer es ausgehen würde.

*

Amerikaner, Russen, Franzosen und Engländer, die Alliierten besetzten von allen Seiten das Deutsche Reich, das sie später untereinander aufteilten. Die Amerikaner besetzten unter anderem Hessen.

Am 28. März 1945 rückten die Amerikaner in Richtung Schwalm vor. Es sollte das Kriegsende in der Region sein. Doch in Kirchhain versuchte ein fanatischer Hauptmann mit einigen jungen und schlecht ausgebildeten Leuten die Stadt zu verteidigen. Über 40 Menschen verloren dabei ihr Leben. Ähnliches spielte sich in Treysa ab. Mit Verwundeten und kranken Männern wollte ein junger Leutnant die Amerikaner aufhalten. Dank eines couragierten Bürgermeisters konnte dem Wahnsinn Einhalt geboten und dort ein Blutbad verhindert werden.

An diesem Tag hielten wir uns alle auf der Straße auf. Der Dorfdiener stand mit seiner großen Glocke unten an der Kreuzung. *„Bekanntmachung, Bekanntmachung, die Amerikaner sind kurz vor Seigertshausen"* rief er lauthals, und dass wir weiße Tücher als Zeichen der Kapitulation schwenken sollten.

Wir hörten schon das Dröhnen der näher kommenden Fahrzeuge und das Rasseln der Panzerketten. Annels und meine Schwester hängten, so wie viele andere Dorfbewohner auch, ein weißes Betttuch als Fahne oben aus dem Fenster. So konnten die Amerikaner schon von Weitem sehen, dass das Dorf kapitulierte und keine Gegenwehr leisten würde. Andere standen mit weißen Tüchern auf der Straße. Dann kamen sie, eine Kolonne olivgrüner Militärfahrzeuge, die Hauptstraße entlang in den Ort gefahren. Panzer, Lastwagen und Jeeps mit bewaffneten Soldaten. Die Kolonne bewegte sich nur langsam voran. Die Soldaten hatten ihre Maschinengewehre im Anschlag. Die Geschütztürme der Panzer drehten sich ständig von einer zur anderen Seite, um jeder Zeit auf Angreifer schießen zu können. Sie konnten letztendlich nicht sicher sein, ob vielleicht doch jemand Gegenwehr leisten würde. An ihren Fahrzeugen flatterten die amerikanischen Fahnen. Es sah furchterregend aus. Still und ehrfürchtig ließen die Leute die Kolonne vorüberziehen. Einige Fahrzeuge hielten beim Bürgermeisteramt, die anderen fuhren weiter durch den Ort. Vielleicht wurde beim Bürgermeister die Kapitulation des Dorfes besiegelt. Lange noch standen die Menschen an den Straßen und diskutierten. Die meisten Fahrzeuge aber hatten Seigertshausen schon lange verlassen. Andere blieben vor Ort und patrouillierten im Dorf. Immer mit Maschinengewehr im Anschlag. Gesprochen haben sie mit den Bewohnern aber nicht. Es war eine bedrückende Stimmung im ganzen Ort.

Doch das Leben ging weiter. Kurze Zeit später kam wieder der Dorfdiener mit seiner Glocke für eine neue Bekanntmachung. Deutsche Soldaten, die sich im Dorf versteckt hielten, sollten sich ergeben und die Bevölkerung müsse alle Waffen beim Bürgeramt abgeben, war seine Botschaft. Zuwiderhandlungen würden hart bestraft.

Helmut und ich spielten gerade auf der Wiese hinter unseren Häusern, als wir eine Qualmwolke entdeckten.

Wir waren neugierig und konnten nicht ahnen, dass das etwas mit dem Einmarsch der Amerikaner zu tun hatte. Ein Mann im mittleren Alter war hastig dabei, etwas zu verbrennen. Dann konnten wir sehen, dass es eine deutsche Militäruniform war. Seine Frau kam hinzu mit einem Bild in der Hand. Wir konnten sehen, dass es das Bild vom Führer war. Das kannte ich noch aus Sorau. Sie warf es mit in die Flammen und ließ es verbrennen. Helmut und ich dachten uns nichts dabei. Doch die Nachbarn hatten bestimmt Angst, dass die Amerikaner die Häuser durchsuchen und sie verhaften würden. Die Aufforderung, Waffen abzugeben, wiederholte der Dorfdiener noch an mehreren Tagen. Viele Häuser wurden dann auch von den Amerikanern durchsucht.

*

Endlich war der Krieg zu Ende, doch die Stimmung im Dorf war sehr verhalten. Man konnte nicht einschätzen, wie das Leben weitergehen würde. Noch immer patrouillierten von Zeit zu Zeit amerikanische Soldaten in unserem Ort. Wenige Tagen nach dem Einrücken der amerikanischen Truppen hatte ich Geburtstag. Meinen sechsten. Meine Mutter backte einen Kuchen, einen Rührkuchen. Zutaten wie Mehl und Eier bekam sie von Leisewet. Den Kuchen, er war nicht sehr groß, aßen wir am Nachmittag gemeinsam in der Stube. Auch Jakob und seine Familie waren dabei. Alle zusammen sangen sie mir ein Geburtstagslied. Sogar eine Kerze zündete

Leisewet an. Das war schon etwas Besonderes. Kerzen hatte man wenig und brauchte sie dringend bei Stromausfällen, die des Öfteren vorkamen. Darüber freute mein Mutter sich sehr. Für sie war es ein Zeichen einer gewissen Verbundenheit. Schließlich waren wir mit vier Personen schon längerer Zeit Gast in Leisewets Haus, was doch eine gewisse Belastung für ihre Familie bedeutete. Mutter tat diese Geste nach dem Erlebnis mit ihrer Tante in Rörshain gut. Es war eine recht feierliche Stimmung. Wir saßen noch lange zusammen in der Stube.

Ein Stück vom Kuchen hob ich für meinen Freund Helmut auf, das ich ihm im Anschluss an meine Feier brachte. Helmut freute sich sehr darüber.

*

Die Zeit verging und man spürte, dass sich die Versorgung der Bevölkerung nach den letzten Kriegsmonaten ein wenig entspannte. Es gab wieder einige Sachen zu kaufen, die in den letzten Monaten und Jahren nicht mehr erhältlich waren. Trotzdem brauchte man immer noch Bezugsscheine für einige Dinge des alltäglichen Bedarfs. Wenn man den Schlossberg herunterkam, stieß man auf der Hauptstraße direkt auf eine Dorfkneipe und einen kleinen Krämerladen. Der sorgte schon immer für den Bedarf der Dorfbewohner. Doch sein Sortiment war recht karg, weil die meisten Bewohner unseres Dorfes weitestgehend Selbstversorger waren. Mit Beginn des Friedens gab es dann doch ein

*In diesem Haus war damals
der kleine Krämerladen und auch ein Kneipe*

erweitertes Sortiment in dem Geschäft. Eines Tages hatten sie unter anderem auch Bestecke im Angebot. Meine Mutter erstand ein sechsteiliges Besteck. Sie hatte Glück, es zu bekommen, weil Artikel dieser Art schnell vergriffen waren. Die einzelnen Teile des Bestecks waren federleicht. Sie waren vermutlich aus Blech. Doch Mutter war froh, wieder ein Besteck ihr Eigen nennen zu können. Unser schönes Silberbesteck lag ja in Sorau unter den Kohlen.

*

Langsam kehrte der Alltag zurück. Am Sonntag war wie immer in der Dorfkirche Gottesdienst. Es war Tradition und unausgesprochene Pflicht, dass mindestens eine Person der Familie sonntags in die Kirche ging. Man musste gesehen werden. Deshalb war die Kirche auch immer gut besucht, weil keine der Familien sich dem Gerede der Leute aussetzen wollte, nicht gottesfürchtig zu sein. Dazu zogen die Frauen ihre schönste Schwälmer Tracht und die Männer den guten schwarzen Anzug an, denn es war ja Sonntag. Doch diese festliche Kleidung trug man fast jeden Sonntag, oder zu besonderen Anlässen wie Hochzeit oder Beerdigung, schon jahrelang. Man hatte meist keine weitere Festtagskleidung zum Wechseln. Und wer hatte schon Geld für neue Kleidung?

So handhabten es auch unsere Nachbarn von gegenüber, Frau und Herr Steinbrecher. Er war der Schuster im Dorf. Wir Kinder waren oft bei ihm, weil er so gut Geschichten erzählen konnte. Dass er etwas seltsam aussah, störte uns nicht. Seine dicke rote Nase ragte markant aus seinem Gesicht und seine tiefe Stimme hörte sich sehr vertrauenerweckend an. Manche Leute im Dorf meinten aber, er würde zu viel Schnaps trinken. Deshalb hätte er auch eine rote Schnapsnase. Nicht nur seine Nase sorgte für Gerede, sondern auch der Klumpfuß an seinem rechten Bein. Dafür hatte er sich Extraschuhe nach Maß angefertigt. Er war schließlich Schuster. Seine Frau, die recht klein war und in der Tracht pummelig aussah, humpelte ebenfalls. Ob die beiden sich aufgrund ihrer Behinderung gefunden hatten? Das wusste niemand, aber es wurde oft drüber gemunkelt, wenn man die beiden zusammen sah.

Nachts auf das Plumpsklosett zu gehen, fiel den beiden schwer und war auch sehr lästig, denn das Klosett lag so wie bei uns auf dem Hof. Damit er aber nachts nicht nach draußen musste, vertraute er uns an: *„Wir haben dafür eine Nachtigall unterm Bett"*. Damit meinte er natürlich den berühmten Nachttopf.

Mein Freund Helmut und ich, wir waren inzwischen unzertrennlich, schauten ihm gern bei der Arbeit zu. Einmal durfte ich sogar eine Sohle auf einen Schuh kleben und diese mit einem Hammer festklopfen. Herr Steinbrecher nahm sich viel Zeit und ließ uns beide oft bei seiner Arbeit mithelfen. Wir waren stolz darüber. Hektik wie oft heute im Berufsleben kannte er nicht.

*

Das Frühjahr war da und die Bauern begannen mit der Feldarbeit. So auch Jakob. Während meine Mutter zu Hause für das Essen sorgte, versammelte sich Jakobs Familie, um Kartoffeln zu pflanzen. Ich durfte auch mit aufs Feld. Jakob holte zwei Kühe aus dem Stall. Zusammen marschierten wir zur Scheune, die ein paar Hundert Meter vom Haus entfernt war. In der Scheune bewahrten sie all ihre landwirtschaftlichen Geräte auf. Hier stand der Leiterwagen, mit dem Jakob uns in Rörshain abgeholt hatte. Sie luden einen Ackerpflug und einige Körbe mit Pflanzkartoffeln, die schon ausreichend Triebe hatten, auf den Wagen. Damit genügend Pflanzkartoffeln zur Verfügung standen, hatten sie diese vorher schon in zwei Hälften geschnitten.

Die beiden Kühe spannte Jakob nun vor den Wagen. Zuerst hängte er den Kühen, dort wo die Hörner waren, das Stirnjoch mit einer Kette um, um es dann mit dem Halsriemen, dem Rücken- und Bauchgurt zu verbinden. Eine Zugkette führte von den Gurten zum Wagen. Die Kühe waren rechts und links von der Deichsel eingespannt. Mit dem Leitseil, das an den Köpfen der Kühe befestigt wurde, konnte Jakob die Tiere lenken. Wir nahmen alle auf dem Wagen Platz. Schwerfällig setzte sich das Gespann in Bewegung.

Auf dem Feld angekommen, wurde abgeladen. Jakob spannte nun eine der beiden Kühe vor den Ackerpflug, ein Einschar-Karrenpflug. Am unteren Feldrand begann er mit dem Pflügen. Er drückte die Pflugschar mit beiden Händen tief in den Boden. Die Kuh zog nun den Ackerpflug und so entstand eine tiefe Furche. Das war für ihn sehr anstrengend, denn der Boden war hart und schwer. Leisewet und die Kinder gingen hinterher und steckten die Pflanzkartoffeln in die Erde der aufgeschaufelten Furche. Am Feldende angekommen, hob er den Pflug hoch, so dass er damit auf Rädern wieder zum unteren Feldrand fahren konnte. Dann fuhr er mit dem Pflug wieder der Reihe entlang und schüttete so die in die Erde gesteckten Kartoffeln zu. So ging das Reihe für Reihe, bis alle Kartoffeln gepflanzt waren. Es war wirklich ein hartes Stück Arbeit ohne Maschine, denn Jakob musste den Pflug immer wieder kräftig in den Boden drücken, damit die Erde auch entsprechend tief gelockert und gewendet wurde. Auch das Kartoffelpflanzen war recht mühsam. Dauerndes Bücken und Schritt für Schritt den Korb mitschleppen, das war schon strapaziös. Nur anfangs habe ich mitgeholfen. Doch bald konnte ich nicht mehr und es machte mir auch keinen Spaß mehr.

Freude dagegen machte mir die Vesperpause. Da gab es das gute Holzofenbrot, Wurst, Speck und Kräutertee aus Kräutern aus dem eigenen Garten. Gegen Abend waren wir dann wieder zu Hause und haben uns über die Bohnensuppe hergemacht, die Mutter gekocht hatte. Annels und ihr Bruder waren ganz schön geschafft. Doch es war damals selbstverständlich, dass die Kinder mithalfen, denn wie eh und je musste bei ärmeren Familien jedes Familienmitglied zum Leben beitagen.

*

Wenn ich nach draußen wollte, lief ich meist durch den Stall. Die Kühe lagen da in ihrem eigenen Mist auf dem Stroh. Ich hatte viel Freude daran, durch den Stall zu rennen, weil dann die Kühe nervös wurden und immer aufsprangen. Sahen mich Jakob oder Leisewet, gab es natürlich Ärger. Mir machte es aber Spaß und ich machte es immer wieder. Auf dem Rückweg durch den Stall fand ich oft im Durchgang auf der kleinen Kommode die Schüssel mit der frisch gemolkenen Milch. Davon trank ich dann. Ob ich heute noch die frische, ungesiebte Milch so trinken würde, bezweifle ich.

Zeit zum Spielen hatte ich genug, so traf ich mich oft mit meinem Freund. Zusammen haben wir viel erlebt. Anders erging es meiner Schwester. Sie unterlag in Seigertshausen der Schulpflicht. So besuchte sie auch hier die Schule. In ihrer Klasse waren die Jahrgänge eins bis vier zusammengefasst. Da war es mit intensivem Lernen nicht weit her. Außerdem musste sie sich in dieser Schule zum dritten Mal an ein anderes Umfeld, andere Mitschüler und den Lehrer gewöhnen. Das war nicht leicht für sie. Ich sollte erst im Herbst eingeschult werden. Bis dahin waren es aber noch einige Monate und vielleicht konnte ich dann in Kassel zur Schule gehen, wo es für jeden Jahrgang eine Klasse gab.

Seit dem Kartoffelpflanzen kannte ich auch die Scheune. Sie war nicht abgeschlossen. Dort spielte ich jetzt öfters mit Helmut. Eine Menge Werkzeug lag in der Scheune herum, mit dem wir nicht viel anfangen konnten. Ein Teil sah aber aus wie eine Schere. Helmut kam auf die Idee, damit unsere Haare zu schneiden. Die letzten Monate hatte Mutter mir die Haare geschnitten, weil es im Dorf keinen Friseur gab. Zum Haareschneiden musste man schon nach Ziegenhain, doch das war den meisten zu weit und umständlich. Viele schnitten sich deshalb die Haare selbst. An einigen Frisuren konnte man den bescheidenen Erfolg gut erkennen.

Wir dachten, unsere Mütter würden sich freuen, wenn wir ihnen diese Arbeit abnehmen würden. Also schnitten wir uns gegenseitig die Haare und waren mächtig stolz darauf. Als wir heim kamen, schlugen unsere Mütter die Hände über dem Kopf zusammen. Wir

müssen fürchterlich zerrupft ausgesehen haben. „*Gut,
dass Haare nachwachsen*", sagten sie. Später erfuhren
wir, dass es eine Schere zum Scheren der Pferde war,
mit der wir uns die Haare geschnitten hatten.

Nach diesem Ereignis sollten wir nicht mehr alleine in die Scheune gehen. Einmal waren wir aber doch
noch alleine dort und das hätte ganz schön schiefgehen können. Wir kletterten hoch auf den Heuboden
und sprangen in dem lockeren Heu herum. Plötzlich
schrie ich auf, als ich durch das Heu in die Tiefe stürzte.
Ich landete genau auf dem Leiterwagen. Gut, dass ich
nicht auf die Leiter selbst oder dem Scheunenboden
aufschlug. Richtig weh getan habe ich mir zum Glück
nicht. Zu Hause sagten wir von dem Vorfall nichts. In
die Scheune gingen wir aber nie wieder alleine, denn
vor ihr hatten wir jetzt richtig Respekt.

*

Nachdem Seigertshausen jetzt amerikanische Besatzungszone war, ging alles wieder seinen geregelten
Gang. Die Bauern bestellten ihre Felder, man konnte
beim Krämer viele Dinge, die in der Kriegszeit nicht zu
haben waren, wieder kaufen. Sonntags traf man sich in
der Kirche. Alles war nahezu wieder so beschaulich wie
früher. Doch dann stand ein Großereignis im Dorf an,
eine Hochzeitsfeier.

Nicht nur in den Fabriken hatte das NS-Regime
Zwangsarbeiterinnen und Zwangsarbeiter eingesetzt,
auch in der Landwirtschaft waren viele von ihnen tätig

gewesen. Hier in der Region waren vornehmlich polnische Zwangsarbeiter in der Landwirtschaft eingesetzt. Nun war der Krieg zu Ende und die Siegermächte bestimmten das Geschehen. Die bisherigen Zwangsarbeiter aus Polen waren nach der Befreiung durch die Alliierten nun freie Leute. Die Polinnen und Polen, die anfangs bei den Bauern weiterarbeiteten, wurden nun wie die deutschen Mägde und Knechte entlohnt. So auch die Polen beim Großbauern in unserem Dorf. Ein Pärchen hatte in der Zeit der Zwangsarbeit auf dessen Hof die große Liebe gefunden und wollte auch dort heiraten. Der amerikanische Kommandant, dem auch das Dorf Seigertshausen unterlag, hatte angeordnet, dass ihre Hochzeitsfeier von ihrem früheren Herrn und Bauern ausgerichtet werden sollte. Das sollte für das Hochzeitspaar eine gewisse Genugtuung und Wiedergutmachung für die im Krieg geleistete Zwangsarbeit sein. Das Verhältnis zwischen der Bauernfamilie und den Zwangsarbeitern musste aber doch recht human gewesen sein, denn der Großbauer war trotzallem engagiert bei der Vorbereitung der Feier, obwohl er und einige andere Bauern aus unserem Dorf die Zeche zahlen mussten.

Seine Scheune räumten sie komplett aus und richteten sie als Festsaal her. Am Ende des Raumes bauten sie ein Podest als Bühne für die Kapelle und Darbietungen auf. In der Mitte reihten sich die langen Tafeln aus Biertischen und -bänken. Milchkannen standen auf den Tischen mit Blumen geschmückt. Mit Blumen und Strohgarben waren auch die Wände dekoriert. Eine schwarze Kutsche mit einem Gespann aus vier schwarzen Pferden hatten sie festlich hergerichtet. Selbst die Pferde wurden geschmückt. Das Brautpaar und zwei Trauzeugen fuhren so zur Trauung in die Dorfkirche. Die Hochzeitsgäste schlossen sich der Kutsche zu einem kleinen Umzug an. Meist waren es Polen und einige Amerikaner. Aus dem Dorf waren nur wenige Gäste geladen. Obwohl es eine protestantische Kirche war, erfolgte die Trauung nach katholischen Vorgaben. Man hatte extra einen katholischen Pfarrer kommen lassen. Nach dem kirchlichen Segen kam das frisch vermählte Ehepaar gemeinsam als Mann und Frau aus der Kirche. Die Gäste hatten sich zum Spalier aufgestellt und bewarfen das Ehepaar mit Blütenblättern. Zurück ging die Fahrt mit der Kutsche zum Hochzeitssaal.

Während der Trauung konnten wir Kinder uns ungestört in der Festscheune aufhalten. Alle geladenen Gäste waren jetzt in der Kirche, nur ein paar Mägde des Großbauern richteten die Tische für das Festmahl her. Weiße Tischtücher zierten die Biertische. Sogar Servietten legten sie dekorativ zu den Bestecken. Gläser in verschiedenen Größen standen daneben. Auch eine Anzahl Wein- und Wodkaflachen brachten die Frauen auf die Tische. Uns Kindern hatten es jedoch die Musikinstrumente der engagierten Kapelle angetan. Helmut klopfte ständig auf die Trommel. Auch ich versuchte an dem Instrument mein Glück. Plötzlich kam ein Mann in die Festscheune und jagte uns nach draußen. Trotzdem blieben wir auf dem Bauernhof, denn wir waren neugierig, was noch alles passieren würde.

Bald darauf kam die Hochzeitsgesellschaft von der Trauung zurück. Auch hier standen wieder die Hochzeitsgäste Spalier bis zur Scheune. Unter lautem Zurufen trug der Bräutigam seine junge Braut über die Schwelle. Die Braut sah wirklich schön aus. In der Scheune setzte er sie wieder ab. Der Großbauer und seine Frau begrüßten Braut und Bräutigam anstelle ihrer Eltern mit Brot und Salz, damit es ihnen nie an etwas mangeln möge. Alle nahmen Platz und die Musik spielte auf. Fünf bunt gekleidete Männer bildeten die Kapelle. Es begann eine üppige Hochzeitsfeier. Mit reichlich Wodka stießen die Gäste auf das Brautpaar an. Bei dem Trubel schlichen wir wieder unbemerkt in die Scheune und versteckten uns hinter der Bühne. Das Stimmengewirr war groß, das meiste verstanden wir nicht. Es wurde überwiegend polnisch gesprochen. Woher so viele polnische Gäste kamen, wussten wir auch nicht. Wahrscheinlich waren es auch ehemalige Zwangsarbeiter aus den Bauerhöfen umliegender Gemeinden.

In der Küche des Bauern bereitete man das Festmahl vor. Man hatte an nichts gespart. Erstaunlich, was nach den kargen Kriegstagen plötzlich alles vorhanden war. Frauen aus dem Dorf brachten das Essen herein, das in mehreren Gängen serviert wurde. Dazu spielte wieder die Musik. Man brachte einen Toast auf das Brautpaar aus und ließ es hochleben. Regelmäßig riefen die Gäste das Brautpaar auf, sich zu küssen. Es war nicht nur eine ausgelassene Stimmung, sondern auch eine sehr festliche Zeremonie. Nach dem Essen wurde viel getanzt, gesungen und gelacht, vor allem aber getrunken.

Dann sah ich meine Schwester. Sie hatte ein neues Kleid an. Mutter hatte es ihr am Abend zuvor aus einem von Leisewet ausrangierten Kleid genäht. Nicht weil Hochzeit war, sondern seit Frau Ritter ihr die Nähmaschine geliehen hatte, nähte sie viel für uns. Auch für Jakobs Familie.

Meine Schwester war fasziniert von dem Festgelage. So etwas hatte sie noch nicht erlebt. Eigentlich sollte sie mich nach Hause holen, doch das Treiben in der Scheune sah auch sie sich noch eine Weile an. Bald darauf verschwanden wir Zaungäste, es war schon recht spät.

Das Fest ging bis tief in die Nacht. Auch die nächsten zwei Tage wurde noch kräftig gefeiert, wie es in Polen auch heute noch teils üblich ist. Die Bauernfamilie und einige Dorfbewohner hatten eine Menge Arbeit und Kosten, die Hochzeit auszurichten. Das Blatt hatte sich gewendet. Nun waren die Dorfbewohner letztlich symbolisch die neuen *Zwangsarbeiter*.

*

Inzwischen war es Ende Mai. Eine Schönwetterperiode war angesagt. Jakob wollte jetzt Heu ernten. Ich durfte mit. Zuerst musste jedoch die Wiese gemäht werden. Mit einer Kuh ging es zur Scheune, wo die Mähmaschine stand. Mähmaschine hört sich pompös an. Es war nur ein zweirädriges Gestell, auf dem man sitzen konnte. An der rechten Seite war das Schneidemesser, ähnlich wie bei der heutigen elektrischen Heckenschere. Die Kuh spannte er davor und klappte das Schneidemesser hoch. So fuhren wir zwei zur Wiese. Ich saß seitlich neben Jakob auf der Mähmaschine. An der Wiese angekommen, begann er an der untersten Stelle der Wiese mit dem Mähen. Dazu klappte er das Schneidemesser wieder nach unten. Wenn sich jetzt die Räder der Mähmaschine drehten, gingen auch die zwei Schneiden des Messers hin und her und schnitten so das Gras ab. Das Gras blieb zum Trocknen einfach liegen. Am Ende der Wiese drehte er das Gespann und mähte in die andere Richtung. So ging es auf der Wiese immer rauf und runter. Einmal, als er wieder die Mähmaschine in die andere Richtung lenkte, fiel ich von dem Mäher genau vor die Messer. Jakob hatte es sofort gemerkt und mit großer Mühe konnte er die Kuh zum Stehen bringen. Ich weiß nicht, wie es zu meinem Sturz kam, ich hatte mich wohl in diesem Moment nicht richtig festgehalten. Was hätte passieren können, wenn die Schneidemesser mich erfasst hätten. Nicht auszumalen. Damit nicht noch mehr passierte, ließ mich Jakob für den Rest der Mäharbeit am Feldrand warten. Zu Hause angekommen, wollte er meine Mutter nicht beunruhigen und erzählte ihr erst später von dem Vorfall.

In den nächsten Tagen begaben wir uns mehrmals zur Wiese, um das abgeschnittene Gras zu wenden. So trocknete es schneller. Jeder hatte einen Holzrechen in der Hand und versetzt nebeneinander gehend wendeten wir das Gras. Ich konnte natürlich nicht mitmachen, da der Rechen viel zu groß für mich und die Arbeit sehr anstrengend war. Doch wie bei jeder Feldarbeit gab es auch bei der Heuernte eine Vesperpause. Zwar nicht so reichhaltig, wie ich sie später bei meinen Großeltern in Kassel erlebt habe, aber für mich war es jedes Mal ein Erlebnis.

Ein paar Tage später, Jakob meinte, es könnte bald regnen, fuhren wir alle mit dem Leiterwagen aufs Feld. Diesmal war auch meine Mutter mit dabei. Jede Hand war gefragt, denn es musste schnell gehen, sonst wäre es mit der Heuernte vorbei gewesen. Das Gras war inzwischen trocken und geschwind lud es Jakob mit einer großen Gabel auf den Leiterwagen. Dreimal fuhren wir mit dem vollen Wagen zur Scheune, bis die Ernte eingefahren war. Es war geschafft. Erst am nächsten Tag kam der Regen.

*

Der Juni neigte sich seinem Ende zu. Jakob war auf dem Feld, Leisewet im Garten gleich hinter dem Haus. Meine Mutter, meine Schwester und ich hielten uns in der Stube auf. Mutter flickte eine Hose von mir, die ich beim Spielen zerrissen hatte. Meine Schwester saß neben mir am Tisch vor ihren Schulaufgaben. Plötzlich ging die Stubentür auf. Wir schauten hoch. Ein Mann kam durch die Tür. Er musste sich bücken, da er ziemlich groß war. Mit einem kleinen Schlapphut, einer viel zu kleinen Jacke, einer dunkelgrauen Hose und schmutzigen Schuhen bekleidet, kam er ins Zimmer. Das Gesicht voller Bartstoppeln, blieb er mitten in der Stube stehen. Wie versteinert blieben wir sitzen. Plötzlich schrie mei-

Hier trennten sich die Wege, Vater mit seinem Kameraden aus Hessen, die anderen beiden gingen weiter Richtung Bayern

ne Schwester auf: „*Papa. Papa!*" Da stand er nun, unser Vater. Meine Mutter sprang auf, blieb einen Moment wie versteinert stehen. Wie eine Fatamorgana kam es ihr vor. Ihr Mann, den sie in russischer Gefangenschaft wähnte, stand in Wirklichkeit vor ihr. Dann rannte sie auf ihn zu. Stürmisch umarmten sie sich. Das also war mein Vater. Ich hatte ihn anders in Erinnerung, stattlich in Uniform und schwarzen Stiefeln. Fast zwei Jahre war es her. Eine Zeit lang war Totenstille im Raum. Es dauerte bis wir alle begriffen, was wirklich geschehen war. Vater war aus dem Krieg zurück. Bisher hörte man selten, dass ein Soldat von der Ostfront es zurück in die Heimat geschafft hatte. Ein Wunder. Welch ein Glück, dass Vater noch lebte. Und wie es schien: unverwundet. Viele Männer galten als vermisst, waren im Krieg gefallen oder in Kriegsgefangenschaft geraten.

Nach einer gefühlten Ewigkeit setzten wir uns zusammen an den Tisch. Vater zog seinen Schlapphut vom Kopf. Sein schütteres Haar hatte sich noch mehr gelichtet. Er hielt Mutters Hand. Ein Lächeln lag auf seinem Gesicht und er sah irgendwie glücklich aus. Das konnte man verstehen. Er hatte es geschafft, seine Familie wiederzusehen. Eine Zeit lang herrschte Schweigen. Alle waren wohl so gefangen von der unerwarteten Situation, dass erst langsam ein Gespräch zustande kam. Dann stand er auf. Er wollte nun auch seinen jüngsten Spross begrüßen. Mutter ging mit ihm in unser Zimmer. Friedlich lag unser Bruder in seinem Bett und schlief. Vater stand ganz andächtig vor dem Bett und schaute seinen Sohn lange an. Es war das erste Mal, dass er ihn sah. Er ließ ihn aber weiterschlafen. Leise gingen wir wieder in die Stube. Annels kam die Treppe herunter. Als sie hörte, dass unser Vater aus dem Krieg nach Hause gekommen war, lief sie los und holte ihre Mutter. Sie begrüßten unseren Vater voller Freude, aber sehr zurückhaltend. Sie waren sicherlich ebenso mit dieser Situation überfordert wie wir selbst auch. Bisher hatte man selten gehört, dass ein Soldat aus dem Krieg zurückgekehrt war.

Alle wollten natürlich sofort erfahren, wo unser Vater jetzt herkam und wie er es geschafft hatte, nach Hause zu kommen. Doch er war total erschöpft von der wochenlangen Flucht. Er sah blass und mager aus. Er wollte sich erst einmal ausruhen. Noch nicht mal etwas essen wollte er. Obwohl es noch Tag war, ging er bald zu Bett und schlief bis zum anderen Morgen. Erst abends, als wir alle zusammensaßen und nun auch Jakob ihn begrüßt hatte, berichtete er von seiner Flucht. Das, was er erlebt hatte, musste er uns noch oft erzählen. Deshalb konnten wir die Geschichte nie vergessen.

*

Mein Vater nahm alle Kraft zusammen, erstmals über die schrecklichen Erlebnisse zu sprechen. Stockend und mit kleinen Pausen fing er an zu erzählen. Zu tief saßen noch die Eindrücke der letzten Monate. Es war erschreckend ruhig in der Stube. Alle hingen gespannt an seinen Lippen und lauschten seinen Worten.

Anfang 1945, der Krieg wäre bald zu Ende gewesen, geriet er in russische Gefangenschaft. Mein Vater, der eine größere Anzahl an Soldaten befehligte, geriet mit seiner Truppe in russischen Hinterhalt. Lange wollten und konnten sie nach einigem Widerstand die Stellung nicht mehr halten. Sie ergaben sich, um nicht noch mehr Opfer beklagen zu müssen. So kamen sie alle in sowjetische Gefangenschaft. Die Sowjets gingen nicht zimperlich mit ihnen um. Sie kamen in das Lager Lamsdorf (heute polnisch Łambinowice) in Oberschlesien, das zuvor die Deutschen für ihre Gefangenen gebaut hatten. Eine Umkehr der Ereignisse. Ein langer Fußmarsch brachte die gefangenen Soldaten dorthin. Aus der Ferne hörten sie noch Geschütz- und Maschinengewehrfeuer. Daraus war zu schließen, dass einige Kameraden den Kampf um den Endsieg noch nicht aufgegeben hatten. Für die vielen Gefangenen gab es zu wenig Baracken und natürlich auch zu wenig Betten. Für so viel Gefangene, welche die Sowjets hier unterbrachten, war das Lager nicht ausgelegt. Die Betten waren eigentlich nur Pritschen aus Brettern und nicht mit Matratzen ausgestattet. Viele Landser mussten sogar auf Pappe auf dem Boden schlafen. An Flucht war nicht zu denken, denn das Terrain war gut bewacht. Ein hoher Stacheldrahtzaun umgab das Lager. Trotzdem gab es meistens in der Nacht einzelne Ausbruchsversuche aus diesem Lager, die aber immer im Maschinengewehrfeuer der russischen Wachposten endeten.

Offiziere waren bei den Aufsehern besonders verhasst. Gut, dass mein Vater zuvor noch seine Dienstgradabzeichen von seiner Uniform entfernt hatte. In der Gefangenschaft gab es nun zwischen den einzelnen Soldaten keine Rangunterschiede mehr. Die Kameradschaft, die sie vorher an der Front zusammengeschweißt hatte, zählte nicht mehr. Jeder dachte schließlich nur noch an sich, an die nächste karge Essensration und vor allem ans Überleben. Das Lager war inzwischen total überfüllt. Trotzdem kamen täglich noch neue deutsche Kriegsgefangene hinzu. Anhand der vielen Gefangenen konnte man den Schluss ziehen, dass der Krieg bald zu Ende sein müsste. Mit zunehmender Zahl der Gefangenen wurde die Verpflegung schlechter. Meist gab es nur Wassersuppe. Hunger und Kälte prägten den Alltag. Mangelnde Hygiene und Krankheiten taten ihr Übriges.

Eine größere Gruppe Gefangener, darunter auch mein Vater, war inzwischen zu Holzfällarbeiten im Wald eingeteilt. Es war bitter kalt, die Soldaten plagte der Hunger und das zehrte an ihren Kräften. Ohne Handschuhe, festes Schuhwerk und viele von ihnen nur in Lumpen gehüllt, mussten sie täglich mehrere Kubikmeter Holz schlagen. Mit einfachem Werkzeug. Selbst für den Abtransport der gefällten Bäume mussten sie herhalten. Sie wurden als Zugtiere vor Karren und Schlitten gespannt, um die Baumstämme zu einem Sammelplatz zu bringen und sie danach dort aufzustapeln. Meist gab es aber noch nicht mal Karren und Schlitten. So mussten sie die Baumstämme lange Strecken durch den Wald ziehen.

Mein Vater hatte sich mit drei Kameraden angefreundet. *„Täglich dachten wir an Flucht",* sagte mein Vater, *„aber das wäre reiner Selbstmord gewesen."* Die Sehnsucht nach der Heimat und der Familie blieb aber. Trotzdem gaben sie die Hoffnung nicht auf, der Gefangenschaft zu entfliehen. Ständig schmiedeten sie neue Pläne. Immer wieder lauerten sie auf eine Gelegenheit zur Flucht.

Die vier Kameraden versuchten immer, bei der Arbeit in einer Gruppe eingeteilt zu werden, was meistens auch gelang. Es musste etwa Ende März 1945 gewesen sein und noch relativ früh dunkel. Sie arbeiteten wieder im Wald und zogen Baumstämme zum Abtransport abseits auf einen Stapel. Ihr russischer Aufseher war ein Stück weiter bei seinem Kollegen zum Aufwärmen. Die Gefangenen hatten ihnen ein kleines Feuer machen müssen, denn es war bitter kalt. Gern hätten sich die Gefangenen auch mal an dem Feuer aufgewärmt. Doch das ließen die Aufseher nicht zu. Sie hatten sich an diesem Tag wohl viel zu erzählen und kümmerten sich in diesem Moment nicht wirklich um meinen Vater und seine Kameraden, die etwas abseits die Baumstämme immer weiter aus Sichtweite der Aufseher zogen. Die vier Männer schauten sich kurz an. Ohne ein Wort begriffen sie sofort, dass das ihre Chance war.

Zunächst unbemerkt flüchteten sie entgegengesetzt vom Lager tiefer in den dunklen Wald. Sie rannten und rannten, so schnell sie konnten und es ihre Kräfte zuließen. Doch sie waren noch nicht allzu weit gekommen, da hörten sie in der Ferne lautes Geschrei und einige Gewehrschüsse. Man hatte ihre Flucht bemerkt. Mit dem Mut der Verzweiflung liefen und liefen sie weiter waldeinwärts. Nur nicht erwischen lassen, denn erschossen zu werden war die Konsequenz. Nach einigen Minuten, die ihnen wie eine Ewigkeit vorkamen, hielten sie außer Atem inne. Es schien, als würden sie nicht verfolgt. Es war gespenstisch still. Weil offensichtlich zu wenig Aufseher bei der Kolonne waren, um eine Verfolgung aufzunehmen, hat man sich nicht mehr um sie gekümmert. Das war ihr Glück. Sie setzten ihren Marsch bis zum frühen Morgen fort. Immer geschützt vom dichten Wald. Doch dann erreichten sie den Rand des Waldes. Sie entdeckten einen kleinen Bauernhof, der verlassen schien. Es fing gerade an zu dämmern. Nachdem sie sicher waren, dass sich dort kein Mensch aufhielt, machten sie Rast. Offensichtlich waren die Bewohner, wie so viele Bauern, Richtung Westen vor der russischen Armee auf der Flucht. Das Haus sah sehr ausgeräumt aus. Bestimmt hatten sie so viel sie konnten auf ihr Fuhrwerk geladen. Was sie mit dem restlichen Vieh, das sie nicht mitnehmen konnten, unternommen haben, war für die vier Kameraden ein Rätsel. Nur fünf Hühner liefen auf dem Hof herum, als wäre alles wie immer. Sie suchten Scheune und Haus nach Essbarem ab. In der Scheune fanden sie Kartoffeln und im Sandbeet eingebrachte Möhren. Im Stall ein paar Eier und im Vorraum zum Haus in einem Steinkrug noch einige eingelegte Gurken. Im Haus selbst waren noch Lebensmittelreste wie Zucker, Salz, Mehl. Aus den Kartoffeln und Eiern machten sie sich eine Mahlzeit auf dem Gasherd. Geschirr, Töpfe und Pfannen waren ausreichend vorhanden. Darauf hatten die Besitzer wohl zugunsten anderer Dinge verzichtet. Feuer im Herd wollten sie nicht machen, obwohl es bitter kalt in dem Haus war. Rauch aus dem Schornstein hätte sie vielleicht verraten. So ein köstliches Mahl aus Bratkartoffeln mit Rührei und dazu Gewürzgurken hatten sie schon Monate nicht mehr gegessen. Zum Ausruhen fanden sie ein gutes Versteck, in dem sie bis zum Abend schliefen. Abwechselnd hielt immer ein Kamerad Wache. Mit Einbruch der Dunkelheit wollten sie ihren Fußmarsch fortsetzen. Im Dunkeln zu laufen war sicherer als am helllichten Tage. Sie nahmen sich für die nächsten Tage noch gekochte Kartoffen, Möhren, Gewürzgurken und die restlichen Eier als Proviant mit.

*

Geografie war schon immer Vaters Steckenpferd. So konnte er sich auch hier gut orientieren und das kam ihrer Gruppe jetzt zugute. Grundsätzlich gab es aber nur eine Richtung: Westen. Bis in die Heimat nach Hessen konnten es gut sieben- bis achthundert Kilometer sein. Und was sie in Hessen erwarten würde, das wusste keiner von ihnen. Wie weit westlich war inzwischen die Rote Armee? Wer von den Alliierten war wohl im Westen? Die Engländer, Franzosen oder gar die Amerikaner? War der Krieg eigentlich schon zu Ende? Sie wussten es nicht. Viele entscheidende Fragen blieben offen. Schlimmer als bei den Russen, welche die Deutschen inzwischen abgrundtief hassten, konnte es kaum werden. Waren vielleicht auch schon die Polen in dieser Region? Oder würden sie auf ein Kampfgebiet treffen, wo die letzten mobilisierten deutschen Soldaten erbittert gegen den vorrückenden Feind kämpften? Trafen sie noch auf deutsche Bevölkerung, die nicht geflüchtet war? Alles war möglich. Vorsicht war zu jeder Zeit geboten. So kamen sie nur langsam voran. Zwölf bis maximal fünfzehn Kilometer war die Strecke, die sie nachts zurücklegten. Sie waren so entkräftet, dass ein längerer Marsch sicherlich geschadet hätte. Und trotz Dunkelheit mussten sie immer auf der Hut sein.

Nun waren sie schon drei Tage unterwegs, ohne entdeckt worden zu sein. Doch der Weg in eine vielleicht sichere Region war weit. Das Glück schien bisher auf ihrer Seite zu sein. Anders als es Vaters jüngsten Bruder, meinem Patenonkel, erging. Seine pompöse Hochzeit hatten wir noch 1942 an der pommerschen Ostsee gefeiert. Es war ein wunderschönes Fest gewesen. Direkt am Strand. Seine Frau stammte von einem größeren Gutshof. Dementsprechend dimensioniert war auch die Feier. Da schien für die Bevölkerung die Welt noch in Ordnung zu sein. Das war nun schon ein paar Jahre her. Zwischenzeitlich hatte sich viel verändert. Die Menschen in den Ostgebieten waren auf der Flucht Richtung Westen, Großteile der deutschen Armee waren zerschlagen, viele Soldaten in der Gefangenschaft. Auch mein Patenonkel, so erzählten es später Kameraden von ihm. Auf der Flucht wurde er von Soldaten der Roten Armee erschlagen und starb in einem Straßengraben.

An diesem Abend, die vier waren etwa eine Stunde unterwegs, erreichten sie ein kleines Dorf. In einem etwas abseits gelegenen Haus brannte ein schwaches Licht. Der Stall nebenan sah dunkel und verlassen aus.

Einer der Kameraden schlich sich vorsichtig an das Haus heran. Im Lichtschein des Raumes erblickte er einen alten Mann und eine Frau. Sie saßen beim Abendessen am Tisch. Es schienen die Bewohner des Hauses zu sein, die ihre Heimat wohl nicht verlassen wollten. Ein Hund im Haus schlug an. Der Kundschafter lief zurück zu seinen Kameraden. Schnell berieten sie, ob sie es wagen könnten, sich bei den Bewohnern bemerkbar zu machen. Alleine das Essen auf dem Tisch, das der Kamerad gesehen hatte, war schon verlockend. Als sie noch unentschlossen auf dem Hof standen, ging die Haustür auf. Der Mann, einen Hund an der Leine, stand im Türrahmen. *„Wer ist da"*, rief er in schlesischem Dialekt. Er wirkte recht entschlossen und horchte in die Nacht. Nur der Mond erhellte ein wenig den Hof. Die vier Flüchtlinge konnte er in der Dunkelheit nicht erkennen. *„Wir sind Landsleute auf dem Weg Richtung Westen"*, antwortete mein Vater. Verhalten blieb der Mann eine Weile stehen, dann bat er die vier Männer herein. Er löschte das Licht der Deckenlampe. Nur eine Kerze beleuchtete spärlich den Raum. Gefährlich wäre es für ihn gewesen, hätten feindliche Soldaten deutsche Landser bei ihm entdeckt.

Seine Frau saß noch auf ihrem Stuhl. Er bot ihnen Platz an dem großen Tisch an und wollte wissen, wo die vier Männer herkamen. Sie berichteten kurz von der Gefangenschaft und der Flucht aus dem russischen Lager. Wortlos stand die Frau auf, ging zum Schrank und holte noch ein wenig Brot, Wurst und Käse für die unerwarteten Gäste herbei. Hungrig und dankbar griffen die vier Männer zu. Lange hatten sie nicht so etwas zu essen bekommen.

Der Mann nahm wieder die Unterhaltung auf. Er und seine Frau seien die Einzigen aus dem zwölf Häuser zählenden Dorf, die geblieben wären. Auch der Rest seiner Familie, die jüngeren Leute, seien schon vor Wochen mit Hab und Gut aufgebrochen, erzählte er. Sie hätten bisher nichts von ihnen gehört. Sie aber fühlten sich zu alt für solche Strapazen. Was auch kommen möge, sie würden hier bleiben. Einmal waren schon Soldaten der Roten Armee im Dorf gewesen, auch in ihrem Haus. Sie durchsuchten alle Räume, nahmen sich Lebensmittel mit und verschwanden wieder, berichtete er. Was sie sprachen, hätten sie nicht verstanden. Angst hätten sie schon verspürt, als sie mit ihren Maschinengewehren im Anschlag im Haus waren. Doch sie taten ihnen nichts.

Auf die Bitte, über Nacht bleiben zu können, boten die liebevollen Gastgeber sofort die Schlafzimmer ihrer Kinder an. Doch mein Vater und seine Kumpels lehnten dies ab. Endlich einmal wieder in einem richtigen Bett zu schlafen war schon verlockend. Doch zu groß wäre die Gefahr, im Haus von Soldaten der Roten Armee überrascht zu werden. Sie suchten sich ein verborgenes Plätzchen auf dem Dachboden. Obwohl sie sonst nachts marschierten, wollten sie sich diese Nacht einmal richtig ausschlafen. Sie fühlten sich in diesem Haus recht sicher und mit dem Hund hatten sie auch einen aufmerksamen Bewacher. Trotzdem hielt einer der Kameraden immer abwechselnd Wache. Diese ruhige

Nacht tat ihnen gut. Um Kräfte zu sammeln, pausierten sie auch den folgenden Tag noch bei den Gastgebern. Als die Dunkelheit hereinbrach, nahmen sie ihren Marsch wieder auf. Zuvor hatte die liebe Frau frische Kleidungsstücke, die ihre Kinder zurückgelassen hatten, herausgesucht. Endlich konnten sie ihre Uniformen oder was davon noch übrig war, gegen zivile Kleidung tauschen. Auch wenn nicht alles perfekt passte, waren sie froh, nicht mehr wie Soldaten gekleidet zu sein. Das würde bestimmt auch ein wenig der Sicherheit dienen. Einen kleinen Proviant für die nächsten Tage bekamen sie auch noch mit auf den Weg.

*

Sie legten Nacht für Nacht Kilometer um Kilometer zurück. Mit äußerster Vorsicht fernab von den Straßen kamen sie hin und wieder an Ortschaften vorbei. Viele der Häuser schienen verlassen. Doch äußerste Vorsicht war immer geboten. Sie konnten nicht wissen, wo inzwischen die Russen welches Gebiet schon eingenommen hatten. Da aber Soldaten der Roten Armee schon bei dem netten Ehepaar waren, könnten überall die Russen sein. Hin und wieder trafen sie in den Dörfern auf deutsche Bewohner, die ihre Heimat nicht verlassen hatten. Bevor sie sich dort bemerkbar machten, mussten sie ganz vorsichtig erkunden, ob es sich wirklich um Deutsche handelte. Meist bekamen sie dort auch etwas zu essen und manchmal sogar ein Ruhelager für den Tag. Einmal boten die Gastgeber ihnen ein Gewehr und eine Pistole an, damit sie sich im Notfall verteidigen könnten. Das lehnte Vater aber ab. Würden sie mit Waffen erwischt, wäre die Situation noch prekärer.

Die Informationen, die sie auf ihrem Weg erhielten, wo sich die feindliche Armee aufhielt und ob der Krieg überhaupt noch stattfand, waren sehr spärlich. Nach etwa sechs Wochen arger Strapazen erreichten sie unbeschadet Sachsen. Auch hier schien die Rote Armee schon zu sein. Tage später erfuhren sie, dass der Krieg zu Ende sei, der ganze Osten und so auch Sachsen und Thüringen von den Russen, Hessen aber von den Amerikanern besetzt worden war. Den Russen wollten sie auf keinen Fall in die Arme laufen. Deshalb waren sie auch weiterhin nur nachts unterwegs. Was sie von den Amerikanern zu erwarten hätten, stand in den Sternen. Würden sie noch in Gefangenschaft geraten, wenn sie von ihnen gefasst würden? Damit musste immer noch gerechnet werden, obwohl der Krieg nun vorüber war. Je näher sie dem Westen kamen, trafen sie auf immer mehr Menschen, die ihre Heimat nicht verlassen hatten. Von den Russen entdeckt zu werden war hier noch wahrscheinlicher als die Wochen zuvor. Sie konnten nie wissen, wenn sie sich einem Haus näherten, ob sie auf deutsche Bewohner oder Soldaten der Roten Armee treffen würden. Bereits im Februar hatten sich die Alliierten auf der Konferenz in Jalta über die Aufteilung Deutschlands nach Kriegsende verständigt. Deutschland sollte unter den Siegern aufgeteilt und in Besatzungszonen verwaltet werden. Auch Frankreich nahm man nach anfänglichen Bedenken zu den Besatzungsmächten hinzu. Somit gab es vier Besatzungszonen. Hessen wurde den Amerikanern zugeteilt. Sachsen und Thüringen, durch diese Gebiete mussten die vier Kameraden, um nach Hessen zu kommen, gehörten zum russischen Territorium. Das Vorankommen war jetzt noch schwieriger. Doch überglücklich kamen sie in den späten Junitagen in Bad Hersfeld an und waren nun auf amerikanischem Gebiet. Hier trennten sich die Wege der vier Kameraden. Sie hatten viel zusammen durchgemacht und sehnten sich nur noch nach dem Zuhause. Mein Vater hoffte, dass seine Familie es auch nach Hessen geschafft hatte. Doch da war er sich nicht sicher. Ob seine Frau, seine Familie überhaupt die Chance hatten, rechtzeitig die Niederlausitz zu verlassen? Er hoffte es sehr, denn was sollte er in Hessen, wenn seine Familie Sorau nicht hätte verlassen können? Diese Ungewissheit bedrückte ihn sehr. Doch mit seinen Kameraden den Umweg über Sorau zu machen wollte er dann doch nicht. So fasste er den Plan, erst einmal zu seinen Eltern nach Marburg zu gehen. Er ging davon aus, dass seine Familie entweder zu seinen Eltern nach Marburg oder vielleicht doch zu den Schwiegereltern nach Kassel geflüchtet seien.

In Hessen wagte er es, auch am Tage weiterzureisen, und oft ergab sich eine Mitfahrgelegenheit. Doch noch mit äußerster Skepsis versuchte er, seinem Ziel näher zu kommen. Es wäre vielleicht immer noch möglich gewesen, in amerikanische Gefangenschaft zu geraten. In Marburg erfuhr er von seinen Eltern, dass wir in Seigertshausen in der Schwalm bei Onkel und Tante untergekommen waren. Da fiel ihm ein Stein vom Herzen. Er sollte sich bei seinen Eltern erst einmal ein wenig von den Strapazen erholen. Doch das wollte er nicht. Er wollte sofort weiter. Das letzte Stück des Weges war nun die kleinste Hürde. Und so stand er eines Tages Ende Juni 1945 in Seigertshausen in der Tür der Wohnstube. Abgekämpft, aber überglücklich. Seine Odyssee war zu Ende.

Die ersten Nachkriegsjahre im neuen Zuhause

Die Amerikaner in Hessen begannen bereits im Mai 1945 Kriegsgefangene zu entlassen. So musste mein Vater auch nicht mehr befürchten, bei den Amerikanern wieder in Gefangenschaft zu geraten. In Seigertshausen hielt er es aber nicht lange aus, obwohl er sich auf dem kleinen Bauernhof recht nützlich machen konnte. Sein Ziel war, bald ein eigenes Zuhause für seine Familie zu schaffen.

Ein paar Tage später reiste unser Vater nach Kassel, um uns dort mit festem Wohnsitz registrieren zu lassen. Hier sollte unser neues Zuhause sein. Einen festen Wohnsitz brauchte man, um weiterhin Lebensmittelmarken und Bezugsscheine zu erhalten. Auf der Suche nach einer geeigneten Wohnung für uns hatte er aber keine Chance. Der Wohnraum in Kassel war äußerst knapp, denn über 80 Prozent der Stadt waren im Krieg zerstört worden. Noch vorhandener Wohnraum wurde von der Stadt überall zwangsweise beschlagnahmt, um für alle eine Bleibe zu schaffen.

Zunächst waren wir deshalb bei unseren Großeltern gemeldet. Irgendwie war meine Mutter auch froh, wieder in ihrem Elternhaus zu sein. Auch der Bruder meiner Mutter, unser Onkel mit Frau, hatte sich dort eintragen lassen, obwohl im Elternhaus seiner Frau im

Nachbardorf viel mehr Platz gewesen wäre. Vielleicht wollte er so seinen Anspruch als Erbe dokumentieren.

Das Haus meiner Großeltern bestand aus zwei Geschossen mit jeweils einer Wohnung, Keller und Dachgeschoss. Jede der Wohnungen verfügte über eine Wohnküche mit Speisekammer, drei Zimmer und eine Toilette im Treppenhaus. Meine Großeltern, unser Onkel und wir, lebten von nun an in der unteren Wohnung. Die obere Wohnung war zwangsweise belegt worden. Jede unserer drei Familien war in einem Zimmer untergebracht. Zusammen bewohnten wir die Küche, die nun Dreh- und Angelpunkt war. Neun Personen teilten sich also eine Drei-Zimmer-Wohnung. Hausarbeit, Kochen und Gartenarbeit, alles musste koordiniert werden. Da waren Konflikte vorprogrammiert.

In der oberen Wohnung waren zwei Familien einquartiert. Die Männer waren Brüder und hießen Max und Moritz. Das fand ich recht witzig, denn ich kannte ja die Streiche der Wilhelm-Busch-Geschichten. Die hatte mir meine Schwester oft vorgelesen. Doch lustig waren die beiden Brüder keinesfalls, eher merkwürdig. Es gab wenig Kommunikation mit den beiden Familien. Sie zogen dann auch bald aus und übersiedelten in die später gegründete DDR.

Als Kind kommen einem die Erwachsenen immer recht alt vor. Unser Vater war gerade mal 34 Jahre. Er suchte dringend eine Arbeit. Erlernt hatte er den Beruf des Malers. Doch da er sich schon sehr früh als Berufssoldat verpflichtet und er lange seinen erlernten Beruf nicht ausgeübt hatte, war die Stellensuche umso schwieriger. Er wollte sich deshalb als Maler selbstständig machen, was ohne Geld und Werkstatt aber kaum zu bewerkstelligen war. Die Idee, bei meinen Großeltern auf dem Grundstück eine Werkstatt einzurichten, fiel auf keinen fruchtbaren Boden. Sie waren strikt gegen diesen Plan. Sicherlich auch, weil die parteipolitischen Ansichten zwischen meinem Vater und Großvater zu weit auseinanderlagen. Hier erfuhr er viel Ablehnung und hat sich in Mutters Elternhaus nie richtig wohlgefühlt. Er war bestrebt, bald eine abgeschlossene Wohnung für seine Familie zu finden, doch dies sollte durch den Wohnraummangel in Kassel ganze 15 Jahre dauern.

Erst 34 Jahre alt, keine Arbeitsstelle und eine fünfköpfige Familie, die unser Vater ernähren musste. Heute kann ich verstehen, wie perspektivlos mein Vater sich gefühlt haben muss. Dazu noch die engen Wohnverhältnisse. Von einer komfortablen Wohnung konnte man nun wirklich nicht sprechen. Kein Bad und die Toilette ohne Heizung im Treppenhaus, in der im Winter oft die Wasserleitung einfror. Dazu mit fünf Personen in einem Raum leben. Wir Kinder empfanden den Zustand, mit neun Personen zusammenzuleben, weniger belastend. Nur das Schlafen mit fünf Personen in einem gut 20 Quatratmeter großen Raum fanden wir weniger angenehm.

Eine Erlösung, als Vater es dann schaffte, da er vorher als Soldat auch Staatsbediensteter war, eine Beamtenstelle bei der Deutschen Bahn zu bekommen. Der Bruder meiner Mutter war inzwischen mit seiner Frau

Mutter bei der Arbeit im Garten ihrer Eltern

ausgezogen und wir verfügten jetzt über zwei Zimmer. Nun teilten sich Mutter und Oma die Hausarbeit und alle die Garten- und Feldarbeit. Auch Opa arbeitete wieder als Polier. Er verließ morgens als Erster das Haus. Doch zuvor entfachte er im Küchenherd das Feuer, damit wir warmes Wasser hatten. Der Herd war die einzige warme Feuerstelle in der Wohnung. Auch an diesem Herd waren Einsatzringe mit verschiedenem Durchmesser für unterschiedlich große Töpfe eingearbeitet. Einen Backofen unter der Herdplatte und einen Wasserkasten für Warmwasser, die gleich mitbeheizt wurden, hatte dieser Herd, so wie in Seigertshausen auch. Der Rauch ging durch ein Rohr direkt in den Schornstein. Selbst im Sommer war der Herd in Betrieb, schließlich musste gekocht werden. Und heißes Wasser brauchte man oft, denn die einzige Wasserstelle in der Wohnung, das Waschbecken in der Küche, lieferte nur kaltes Wasser. Wasserkocher oder Ähnliches kannte man noch nicht. Auch zum Bügeln brauchte man die Wärme, um die gusseisernen Bügeleisen auf der Herdplatte zu erhitzen. Bald jedoch besaßen wir ein elektrisches Bügeleisen. Dieses war ganz einfach. Es besaß nur eine Bügelfläche, die heiß wurde. Dampfbügeleisen wurden erst viel später erfunden.

Der Backofen in diesem Herd wird meiner Schwester wohl ewig in Erinnerung bleiben. Sie schmuste immer liebend gern mit unserer Katze. Oft übertrieb sie aber ihre Zuneigung zu ihr, dass diese sich zur Wehr setzte und meine Schwester mit Kratzspuren belohnte. Einmal waren die beiden so stark aneinandergeraten, dass meine Schwester die Katze vor Wut kurzerhand in den heißen Backofen sperrte. Wäre meine Mutter nicht durch Zufall in die Küche gekommen und hätte sie nicht das Geschrei der Katze gehört, wäre diese Situation wohl böse ausgegangen. Sie öffnete entschlossen den Backofen und wie eine Furie schoss das arme

Tier durch die Küche in die Speisekammer und von dort durch das geöffnete Fenster ins Freie. Es dauerte Tage, bis die Katze sich wieder in die Wohnung wagte. Die anschließende Standpauke meiner Mutter sorgte dafür, dass meine Schwester die Katze danach in Ruhe ließ.

Gebadet, wenn man das so nennen kann, wurde immer samstags. Die Zeremonie fand ebenfalls in der Küche statt. Nicht nur im Wasserkasten, sondern auch in einem großen Topf erhitzte meine Mutter Wasser. In eine auf zwei Stühle gestellte große Zinkwanne schüttete sie das heiße Wasser. Kaltes Wasser aus dem Wasserhahn des Küchenspülbeckens kam für die richtige Badetemperatur hinzu. Mein Bruder und ich konnten anfangs noch in der Wanne baden. Für meine Schwester und die Erwachsenen war nur eine intensive Körperwäsche an der Badewanne möglich. Wenn diese sich wuschen, trennte ein großes Bettlaken den Badebereich von der restlichen Küche ab. So war die Intimität gewahrt und die anderen konnten, gerade auch im Winter, in der warmen Küche bleiben. Wie modern war doch unser Badezimmer in Sorau.

*

Bis zum Kriegsende schlossen die Menschen selten ihre Haus- und Wohnungstüren ab. Doch die Zeiten waren vorbei, es wurde zunehmend unruhiger. Aus Not und Hunger kamen Diebstahl und Einbruch vermehrt vor. So erlebten wir auch eines Spätabends ein kurioses

Ereignis. Es war schon Herbst und bereits Nacht. Großvater hörte ein Poltern hinter unserem Haus. Er war gerade im Schlafzimmer und warf einen Blick durchs Fenster. Da sah er im Dunkelen einige Männer auf dem Hof an unserem Kaninchenstall hantieren. Geistesgegenwärtig klopfte er kräftig an die Scheibe. Im Eilschritt, ein Kaninchen unter dem Arm, verschwanden die Männer. Großvater rannte auf den Hof und sah den offenen Kaninchenstall. Kurz entschlossen bewaffnete er sich mit einem Knüppel und verfolgte die Gestalten. Das war sehr mutig, denn immerhin waren es fünf Männer. Sie nahmen denselben kleinen Weg zwischen den beiden Grundstücken zur Frankfurter Straße, den wir sonst zum Luftschutzbunker genommen hatten. Großvater konnte gerade noch sehen, wie die fünf in der Kaserne, in der wir vor Bombenangriffen Zuflucht gefunden hatten, verschwanden. Hier war inzwischen eine polnische Militäreinheit stationiert.

Aufgeregt und erbost ging er zum Wachposten und schilderte den Vorfall. Ob einer der Posten meinen Großvater verstanden hatte, war schwer zu sagen, denn er antwortete auf polnisch, was Großvater wiederum nicht verstand. Doch irgendwie musste der Pole die Situation erkannt haben. Der eine Wachposten lief hinter den Männern her, die gerade in einem Gebäude verschwanden. Gespannt wartete Großvater auf das, was nun passieren würde. Doch Minuten später erschien der Wachposten wieder mit dem Kaninchen unterm Arm und gab es Großvater zurück. Großvater war sichtlich erstaunt. Damit hatte er eigentlich nicht gerechnet. Er bedankte sich, nahm das Kaninchen und kam wieder nach Hause. Wir waren erleichtert, als wir sahen, wie er das verschreckte Kaninchen wieder in den Stall steckte. Später haben wir oft davon gesprochen, wie couragiert und unerschrocken er gehandelt hatte. Es hätte ihm auch etwas zustoßen können.

Dass polnische Soldaten in dieser Zeit auf Diebesgut aus waren, war eigentlich kein Wunder, denn die Verpflegung in den Kasernen schien nicht optimal zu sein. Obwohl sie jetzt als Befreite und Sieger galten, war die polnische Armee doch finanziell angeschlagen und Außenseiter der Alliierten.

*

Es war Herbst und die Schulen begannen mit dem Unterricht. Meine Schwester ging jetzt wieder in Kassel zur Schule. Auch ich wurde eingeschult. Eine Schultüte, wie meine Schwester sie noch bekam, gab es für mich in dieser Zeit leider nicht. Doch meine Mutter backte zur Feier des Tages einen kleinen Kuchen. Auch eine neue warme Hose nähte sie mir aus einer Wolldecke zum Schulanfang. Das war natürlich keine Designer-Hose. Doch zu dieser Zeit war man froh, wenn man etwas zum Anziehen besaß.

Zur Schule war es etwa eine halbe Stunde zu Fuß, wenn wir nicht bummelten. Wir mussten zwar ein Stück auf der Hauptverkehrsstraße gehen, doch der Autoverkehr war längst nicht so stark wie heute. Ich hatte noch meinen Schulranzen, den wir aus Sorau mitbrachten.

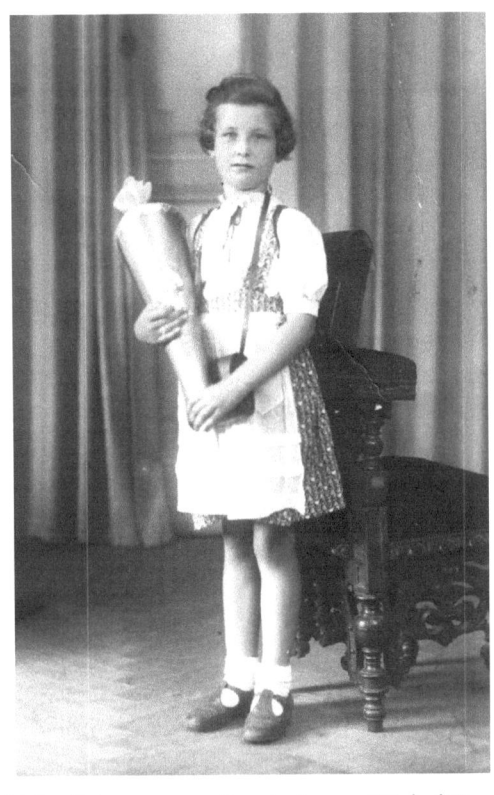

Meine Schwester zur Einschulung mit Schultüte

Was heute der Laptop oder das eBook ist, war früher die Schiefertafel. Mit Schiefertafel und Griffel hatte auch meine Schwester ihr erstes Schuljahr begonnen. Die Schiefertafel war für mich nichts Unbekanntes. Eine Seite war mit Linien zum Schreiben von Wörtern und die andere mit Karos für Rechenaufgaben bedruckt.

Unsere Aufgaben schrieben wir mit dem Griffel auf die Tafel. War eine Seite voll beschrieben, wischte man mit einem feuchten Schwamm die Tafel sauber, um sie so wieder benutzen zu können. Schick war es, wenn der Schwamm an einem Band befestigt an der Seite aus dem Ranzen heraushing. Der eigentliche Grund dafür war aber, dass der Schwamm immer griffbereit war und so auch schneller trocknen konnte. Doch bald darauf arbeiteten auch wir mit Papier, Bleistift und Füllfederhalter.

Mein erstes Schuljahr dauerte nur bis zum kommenden Frühjahr. Dann trat die neue Schulreform in Kraft und die Schuljahre begannen ab jetzt wieder im Frühjahr. Ich wurde neu eingestuft. Jetzt begann offiziell mein erstes Schuljahr. Das halbe Jahr zuvor wurde nicht angerechnet. Doch das Mehr an Unterricht hat mir nie geschadet.

Zwei Häuser weiter oberhalb in unserer Straße wohnte ein Mädchen aus meiner Klasse. Sie holte mich jeden Morgen an unserem Haus ab. Gemeinsam gingen wir dann zur Schule. Schularbeiten machten wir aber nie gemeinsam, doch spielten wir die ersten beiden Jahre oft zusammen. Sie besaß einen eigenen Regenschirm, was als sehr schick galt. Wenn sie mich bei Regenwetter abholte, ließ sie mich aber nie mit unter den Schirm. So eigensinnig und zickig war sie. Ich lief dann neben ihr her und wurde natürlich nass. Das fand ich nun gar nicht gut, deshalb wollte ich später auch nicht mehr mit ihr zusammen zur Schule gehen und auch nicht mehr mit ihr spielen. Zur Schule ging ich

Mit meiner Schulfreundin im Garten

dann lieber alleine. Das war keine Frau für mich. Wie ich nach Jahren erfuhr, heiratete sie einen Mann mit dem gleichen Vor- und Nachnamen wie ich. Schon merkwürdig. Ob sie wohl doch eine gewisse Zuneigung zu mir hatte oder war es nur Zufall? Ich hoffe, sie ist mit ihm glücklich geworden.

*

Zu essen hatten wir zwar nicht im Überfluss, aber als Selbstversorger mit Garten und Vieh meiner Großeltern kamen wir über die Runden. Über Winter kellerten wir Kartoffeln ein, auch Möhren, Äpfel und Birnen hielten sich eine Zeit lang. Äpfel bekam ich in den Herbstwochen meines ersten Schuljahres auch als Proviant mit in die Schule.

Wir hatten eine Lehrerin und alle nannten sie Fräulein. Fräulein Lehrerin war immer adrett angezogen und band ihre Haare zu einem Knoten nach hinten. Sie war recht streng, fand ich. Dagegen wollte ich etwas unternehmen und mir Sympathie bei ihr verschaffen. Ich überlegte lange, wie ich das anstellten sollte. Dann hatte ich eine Idee und eines Tages fasste ich den Mut dazu. Mutter hatte mir wieder zwei Äpfel mitgegeben. Damit wollte ich sie bestechen. Doch die Äpfel waren unterschiedlich groß. Zunächst ergab sich für mich das Problem, welchen Apfel ich meiner Lehrerin schenken sollte, um ihre Sympathie zu erlangen. Nach langem Überlegen entschied ich mich doch für den größeren, weil das bestimmt einen besseren Eindruck machte, obwohl ich den gern behalten hätte. *„Fräulein, möchten sie auch einen Apfel?"*, fragte ich sie. Sie lehnte natürlich ab, was ich gar nicht verstehen konnte. Ich war total enttäuscht, weil mein Plan nicht aufging. Ich steckte den Apfel wieder ein. Meine Klassenkameraden um mich herum schauten mich alle recht merkwürdig an. Ein wenig schämte ich mich für diese Aktion. Da war mir klar, dass ich von Bestechung noch keine Ahnung hatte.

Es war vielleicht im dritten Schuljahr, als ich auf dem Heimweg von der Schule vor ein Problem gestellt wurde. Auf halber Strecke in der Frankfurter Straße wurde gerade ein neues Haus gebaut. Die Grundmauern standen schon. Ein LKW brachte Ziegelsteine und kippte sie einfach halb auf das Grundstück und halb auf den Gehweg. Heute werden Ziegelsteine sauber auf einer Palette gestapelt abgeliefert.

Ein anderer Klassenkamerad beobachtete mit mir das Geschehen. Wir fanden es interessant, wie der Fahrer die Ziegelsteine von seinem LKW kippte. Meine Schulfreundin Inge, die mal wieder zufällig mit mir auf dem Heimweg war, interessierte sich nicht dafür, was sich da gerade abspielte. Zickig ging sie schon voraus. Doch uns sollte das zum Verhängnis werden. Nachdem der LKW weggefahren war, kam der Bauherr auf uns zu und hielt uns fest. Wir sollten unsere Schulranzen zur Seite legen und ihm helfen, die Ziegel vom Gehweg zu räumen, sagte er in einem befehlenden Ton. Erst wollten wir nicht und wir wollten weitergehen. Doch er ließ uns einfach nicht gehen. Verzweifelt begannen wir zwei, die Ziegel, die auf dem Gehweg lagen, auf das Grundstück zu schleppen. Der Bauherr half natürlich nicht mit. Er beschäftigte sich mit anderen Dingen. Als er für einen Moment unaufmerksam war, hauten wir ab. Er bemerkte es aber schnell und lief schimpfend hinter uns her. So schnell wie möglich rannten wir aus der Gefahrenzone. Er gab die Verfolgung auf. Wir hätten es nicht gewagt, dem Mann zu widersprechen. Deshalb passten wir den günstigen Augenblick zur Flucht ab. Es war eben noch die Zeit, in der Kinder vor Erwachsenen Respekt hatten und Widerreden undenkbar waren. In den nächsten Tagen machten wir einen großen Bogen um das Grundstück, um nicht von dem Bauherrn gesehen zu werden.

Um nicht wieder in solch eine Zwangslage zu kommen, wollte ich vorsorgen. Ich hatte eine geniale Idee. Ganz am Anfang unserer Straße wohnte unser Schuster. Hier ließen wir unsere Schuhe, die Vater nicht selbst reparieren konnte, wieder herrichten. Es ergab sich, dass der Hund unseres Schusters drei kleine Welpen zur Welt brachte. Das waren zwar Mischlinge, dafür aber umso niedlicher. Ich bearbeitete meine Eltern so lange, bis ich einen der kleinen Hunde haben durfte. Er war weiß mit einigen braunen Flecken. Ich taufte ihn Molli, obwohl er gar nicht mollig war. Er war sehr drollig und tapsig, aber sehr lieb. Ich baute ihm gleich mit Opas Hilfe eine Hundehütte im Garten. Mit ins Haus durfte er über Nacht nicht. Schnell wurde er größer und ich hoffte, dass ich nun für solche Situationen wie mit dem Bauherrn einen Beschützer hätte. Doch dafür war Molli viel zu verspielt.

*

Spielen auf unserer Straße war kein Problem, denn Autoverkehr gab es hier so gut wie nie und Spielkameraden hatten wir inzwischen genug. Zwei Jungen wohnten im Nachbarhaus. Auch in der Mietwohnung des Nachbarhauses war eine Familie mit zwei Kindern

eingezogen. Mit dem großen Jungen unseres Nachbarn, das war Helmut, hatte meine Schwester immer
Stress. Die beiden waren in einem Alter, verstanden
sich aber gar nicht und haben sich oft gestritten und
manchmal auch geprügelt. Warum, wussten sie wohl
selbst nicht. Um Helmut aus dem Weg zu gehen, war
meine Schwester lieber bei ihrer Freundin Anneliese,
genannt Ännchen, die ein paar Häuser weiter im Ne-
benhaus meiner Schulfreundin Inge wohnte. Dieses
Doppelhaus war das letzte Haus in unserer Straße.

Max und Moritz waren mit ihren Familien seit ge-
raumer Zeit in der DDR. Neue Mieter bezogen nun
zwangsweise das Obergeschoss unseres Hauses. Die
Familie war recht groß und bewohnte die gesamte
Etage. Das Oberhaupt der Familie hieß Edwin. Arro-
gant marschierte er immer an uns vorbei und grüßte
kaum, war stolz, Fuhrunternehmer zu sein. Keine Rie-
senfirma, nur ein großer, alter Lastkraftwagen, der zu
einem Holzvergaser umgebaut war, stellte sein ganzes
Fuhrunternehmen dar. Den Wagen parkte er immer direkt vor unserer Tür. Morgens, ehe er losfahren konnte,
hockte er auf der Ladefläche und heizte den Dampfkessel an. Die Holzscheite, die er zum Heizen benutzte,
nahmen schon einen Teil der Ladefläche ein. Für Lade-
gut blieb nicht allzuviel Platz übrig. Erst wenn der Kessel die richtige Temperatur hatte und Dampf entwickelte, konnte er den Motor starten. Wenn Edwin zu Hause
war und das kam recht oft vor, kletterten wir Kinder auf
seinem LKW herum. Das gefiel Edwin gar nicht und er
verscheuchte uns stets. Er musste wohl doch nicht so

viele Aufträge gehabt haben, sonst wäre er mit seinem Wagen bestimmt öfters unterwegs gewesen.

*

Bald gab es Sommerferien und wir freuten uns schon auf die Urlaubsreise. Obwohl diese im Vergleich zu heutigen Urlaubsreisen recht bescheiden ausfiel, war es für uns immer eine schöne Zeit. Wir hatten eine „*Pauschalreise*" zu unseren Großeltern in Marburg gebucht. Unser Vater war schon einige Zeit bei der Eisenbahn tätig und so bekam er auch für die Familie Freifahrtscheine. Die Reise mit vier Personen nach Marburg hätten wir uns sonst finanziell nicht leisten können. Vater blieb zu Hause, denn er musste arbeiten.

Mein Bruder, ich glaube er war inzwischen etwa drei Jahre, hatte die Angewohnheit, zum Einschlafen eine kleine, weiche Decke an den Mund zu nehmen und daran zu nuckeln. Wir nannten dieses Stück Stoff ‚*Suckeldecke*'. Nun musste man wissen, ohne diese Decke war an Einschlafen nicht zu denken. Mit einem riesigen Spektakel unterstrich er immer die Notwendigkeit der Einschlafhilfe. Selbst zum Waschen dieses Teils musste unsere Mutter immer einen günstigen Zeitpunkt abpassen, damit die Decke abends wieder trocken war.

In jenem Sommer passierte allerdings ein großes Malheur. Wir standen alle auf dem Bahnhof Oberzwehren, der Bahnhof war nicht allzu weit von unserem Zuhause entfernt. Der Lautsprecher verkündete gerade die Einfahrt des Zuges. Plötzlich merkte unsere

Mutter, dass sie die Suckeldecke nicht eingepackt hatte. Sie war total aufgelöst. Was sollte sie jetzt nur machen? Obwohl wir in der Nähe des Bahnhofs wohnten, war jetzt nach Hause zu laufen auch keine Option. Wir mussten abwarten, wie sich die Situation entwickelte. In Marburg angekommen, war die erste Amtshandlung unserer Großmutter, ein ähnliches Stück Stoff zu suchen. Mit viel Überredungskunst und vielleicht, weil unser Bruder von der Reise müde war, schlief er endlich damit ein. Danach akzeptierte er wider Erwarten diesen Ersatz, den er noch lange im Gebrauch hatte und der mit der Zeit zu einem zerfledderten Stofffetzen mutierte.

Die Fahrt nach Marburg war kein reines Vergnügen. Mit unseren Fahrkarten konnten wir nur in der 3. Klasse mit den harten Holzbänken fahren. Außerdem war es ein Personenzug, bei dem wir zwar nicht umsteigen mussten, dafür hielt er aber an jeder Station. Vom Bahnhof aus fuhren wir noch ein Stück mit dem Bus und den Rest des Weges ging es bis zum Gefängnis zu Fuß. Großvater war der Direktor vom Marburger Gefängnis, in dessen Komplex auch seine Dienstwohnung integriert war. Alle Fenster, die zur Innenseite des Gefängnisses zeigten, waren mit Gittern versehen. Von der Küche, vom Bad und dem kleinen Zimmer aus war der Gefängnisinnenhof einzusehen. Hier auf dem Hof arbeiteten einige Gefangene an einer großen Bandsäge. Sie schnitten Holz zurecht, aus dem im Gefängnis dann Wäscheklammern hergestellt wurden. Auch beim Freigang konnten wir die Gefangenen beobachten. Sie waren alle gleich gekleidet, mit Nummern auf Brust und Rücken marschierten sie immer im Kreis. Zwei Aufseher verfolgten das ganze Geschehen. Wir haben uns oft gefragt, was wohl diese Männer angestellt hatten. Doch darauf gab es für uns keine Antwort.

Einmal erzählte uns Großvater davon, dass er selbst in seinem Gefängnis einige Zeit hinter Gittern verbringen musste. In den Tagen der Kapitulation ging wohl bei der Justiz einiges durcheinander. So passierte es, dass nach einer Revolte zwei der politischen Gefangenen unbemerkt das Gebäude verlassen konnten und spurlos verschwanden. Da die Besatzungsmächte in der ersten Zeit nach Kriegsende die Kontrolle auch über die Gefängnisse übernahmen, wurde Großvater für die Misere verantwortlich gemacht, wenngleich er in dieser Situation keinen Überblick über die Lage haben konnte. Dafür hatte er noch kriegsbedingt zu wenig Personal. So war er jetzt sein eigener Gefangener, obwohl er trotz allem noch der Gefängnisdirektor war. Oma war es aber gestattet, ihn in der Zelle zu besuchen und auch zu versorgen. Er musste so nicht das recht einfache Essen aus der Gefängnisküche essen. Die kurze Inhaftierung hat er gut und unbeschadet überstanden und er konnte danach sein Amt weiterhin wie gewohnt ausüben.

Spannend war es immer, mit Großmutter in den Garten zu gehen, der inmitten des Gefängnistrakts lag. Von der Küche ihrer Wohnung aus führte eine Tür, die auch vergittert war, direkt in einen Gang des Seitenflügels mit den Gefängniszellen. Den gingen wir ein Stück an einigen Zellen vorbei bis zum Durchgang, der in den Innenhof mit Garten führte. Auch hier war wieder eine Gittertür. Großmutter hatte ein riesiges Schlüsselbund voller unterschiedlicher Schlüssel für all die Türen dabei. Ehe wir uns auf den Weg zum Garten machen konnten, musste sie erst die Erlaubnis für das Betreten des Gefängnisinnentrakts einholen, damit sich zu diesem Zeitpunkt kein Gefangener im Gang aufhielt oder eine Zellentür gerade offen stand. Sie benötigte also jedes Mal eine Genehmigung. Im Garten waren wir rings-um von Gefängnismauern mit vielen vergitterten Fenstern umgeben. Der Garten war zwar nicht groß, doch

Meine Großeltern in ihrem Garten im Gefängnisinnenhof

für etwas Gemüse, Kräuter und ein paar Kartoffeln reichte es. Auch einige Hühner hatten hier ihr Zuhause und versorgten meine Großeltern stets mit frischen Eiern. Während Großmutter sich im Garten beschäftigte, versuchte ich zu erspähen, was hinter den Fenstern vor sich ging. Manchmal entdeckte ich auch ein Gesicht hinter den Gitterstäben. Ich wollte dann wissen, warum der Mann, in diesem Gefängnis waren nur Männer, eingesperrt war. Doch das konnte Großmutter auch nicht sagen, denn jeder Gefangene hatte seine eigene Lebensgeschichte, die nur Großvater kannte.

Wenn wir in Marburg zu Besuch waren, schliefen meine Schwester und ich immer in dem kleinen Zimmer. Es war ganz gemütlich und hatte eben diesen Blick auf den Gefängnishof, doch nachts fanden wir es dort nicht so schön. Großvater war ein begeisterter Uhrensammler. Eine große Standuhr und eine Schwarzwälder Kuckucksuhr befanden sich in diesem Zimmer. Dass uns das Ticken der Uhren nachts störte, nahm er aber nicht zur Kenntnis. Ganz akribisch ging er jeden Abend von Zimmer zu Zimmer und zog alle Uhren auf. Ich kann mich heute noch an das Rasseln der Uhrenketten erinnern, wenn Großvater damit die Uhren aufzog. Doch das rhythmische Ticken der Uhren war es, was nervte und uns das Einschlafen stark erschwerte.

Den Tag verbrachten meine Schwester und ich oft in der Marburger Altstadt. Die war nicht weit vom Gefängnis entfernt. Hier gab es viele kleine Geschäfte und in den Gassen war immer viel los. Marburg als Studentenstadt hatte viele Abwechslungen zu bieten. Begeistert war ich stets von den Oberleitungsbussen, wenn sie am Lahntor in der S-Kurve zur Universitätsstraße einbogen. Dann ging der Stromabnehmer so stark zur Seite, dass ich glaubte, jetzt reißt er das Stromkabel ab. Doch jedes Mal ging es gut. Ich konnte mich nur wundern und wartete stets auf den nächsten Bus, bis sich das Ereignis wiederholte.

Abends spielte Großvater manchmal Klavier. Das konnte er gut, denn er war sehr musikalisch, und das Klavierspielen hatte er sich selbst beigebracht. War er nicht da, versuchte ich, es ihm nachzumachen, und klimperte auf den schwarzen und weißen Tasten herum. Eine Melodie daraus zu kreieren klappte natürlich nicht. Doch Großvater meinte, ich hätte auch ein musikalisches Talent. Deshalb bekam ich später eine Geige von ihm und musste auch Unterricht nehmen. Die Betonung lag auf *„musste'„* Darum hat mir das Geigespielen auch nie so richtig Spaß gemacht und ich habe es nicht lange durchgehalten. Vielleicht lag das auch an meinem Geigenlehrer. Der war nämlich übertrieben streng. Deshalb ging ich auch ungern zum Unterricht. Hatte ich meine Übungen zu Hause nicht perfekt gelernt und das war meistens so, merkte er das gleich. Wenn ich ihm dann vorspielte und nicht sofort die richtigen Töne traf, schlug er mir stets mit seinem Geigenbogen auf den Kopf. Erzählen wollte ich das meinen Eltern nicht. Nicht nur, weil ich nicht zugeben wollte, schlecht geübt zu haben, sondern weil der Klavierlehrer auch eine Respektsperson war. Als Kind wagte man Erwachsenen und schon gar nicht einem Lehrer gegenüber zu widersprechen. Auch weil meine Eltern für jede Unterrichtsstunde zehn Mark und so mit der Zeit eine Menge Geld zahlen mussten, was ihnen damals nicht leichtfiel, erzählte ich Zuhause nichts von der Züchtigung.

*

Es wurde Frühjahr im Jahre 1948. Das Wetter zeigte sich fast sommerlich und luftige Kleidung war gefragt. Natürlich auch leichtes Schuhwerk. Leider waren wir Kinder aus den Schuhen herausgewachsen. Sie passten nicht mehr. Glücklicherweise gab es auf dem Lande eine Schuhtauschzentrale. Hier tauschte man gegen einen kleinen Obolus seine gebrauchten Schuhe gegen gebrauchte in einer anderen Größe oder einem anderen Modell. Meine Schwester und ich zogen unsere engen Schuhe an und machten uns auf den Weg zur Tauschzentrale. Das Dorf lag etwa neun Kilometer südlich von unserer Wohnung entfernt. Heute ist es eine größere Stadt, Baunatal, in der bei VW Autos und Autoteile produziert werden. Eine beschwerliche Wegstrecke war von uns zu bewältigen. Bis zum Stadtrand kannten wir uns aus. Dann konnten wir noch ein Stück Landstraße nutzen, den Rest ging es über Bahnschienen der Straßenbahn und querfeldein, bis wir das Dorf erreichten. So kürzten wir etwas ab und erreichten erschöpft nach über zwei Stunden unser Ziel. In der Tauschzentrale war ein reger Betrieb. In Regalen und Kartons waren die Schuhe nach Damen-, Herren- und Kinderschuhen sortiert.

Verschiedene Modelle lagen kunterbunt durcheinander. Wir probierten einige der Schuhe an, was gar nicht so einfach war. Auch die anderen Kunden suchten hier und dort nach passenden Schuhen. Dadurch entstand ein großes Durcheinander. Nicht alle Schuhe, die wir entdecken konnten, passten oder gefielen uns. Eigentlich wollte ich meine alten Schuhe gar nicht hergeben, doch sie waren halt zu klein. Die Verkäuferin sah, dass wir beide recht unentschlossen und hilflos waren. Sie half uns bei der Suche und schnell fanden wir beide auch passende Sommerschuhe. Meine Schwester hätte gern die offenen genommen, doch die Verkäuferin sagte ihr, dass die geschlossenen Schuhe praktischer wären. Für mich suchte sie ein Paar geschlossene Halbschuhe aus. Wir nahmen schließlich die Schuhe, die sie uns empfohlen hatte. Schön waren sie nicht gerade, aber wenigstens in der richtigen Größe. Und wenn die Verkäuferin meinte, dass das die richtigen Schuhe für uns wären, wagten wir nicht, etwas dagegen zu sagen. Die alten Schuhe ließen wir dort und zogen für den Heimweg die neu erworbenen an. Nach dem langen Weg zu Hause angekommen, waren wir nicht nur erschöpft, sondern auch sehr enttäuscht. Die Sohlen unserer neuen Sommerschuhe waren aus Pappe, sie hatten den langen Marsch zurück nicht unbeschadet überstanden und zeigten doch erhebliche Gebrauchsspuren. Gut, dass kurz danach die Währungsreform stattfand und wir besseres Schuhwerk kaufen konnten.

*

Bereits vor Kriegsbeginn begann die Reichsmark instabil zu werden. Vorwiegend durch die Finanzierung der deutschen Rüstungsproduktion kam es in den Kriegsjahren von 1939 bis 1945 zu einer massiven Ausweitung des Geldvolumens. Das spitzte sich besonders in den letzten Kriegsmonaten weiter zu. Die Folge war eine hohe Inflation. Das Geld verlor ständig an Wert. Dieser Zustand setzte sich auch nach Kriegsende fort.

Deshalb wurde das direkte Warentauschgeschäft bei den Menschen immer beliebter. Hierbei waren es meist Zigaretten, die als allgemeiner Wertmaßstab genommen wurden, sodass man schließlich sogar von der „Zigarettenwährung" sprach. Im Schnitt wurde eine Zigarette zwischen 10 und 20 Reichsmark gehandelt. Wer günstig an amerikanische Zigaretten kam, konnte sich glücklich schätzen, denn ein besseres Tauschobjekt gab es nicht.

Bei dieser Währung auf das Rauchen zu verzichten war für Raucher schon schwer. So war es ganz natürlich, dass immer mehr Tabakpflanzen selbst gezogen wurden. Auch mein Vater pflanzte Tabak im Garten an. Zur Erntezeit Ende Juli schnitt er von den Pflanzen die unteren und mittleren Blätter, deren Nikotingehalt nicht so hoch ist, ab und hängte sie feucht zum Trocknen auf eine Leine im Hof. Dass sie reif waren, konnte er an der Gelbfärbung erkennen. Bis die Tabakblätter richtig trocken waren, dauerte es fast einen Monat. Die getrockneten Blätter schnitt mein Vater zunächst in schmale Streifen. Dafür hatte er sich extra eine kleine Schneidemaschine organisiert. Anschließend hackte er die Streifen mit einem Messer zu Pfeifentabak klein. Vater war passionierter Pfeifenraucher. Drei Pfeifen besaß er gleichzeitig, damit die Pfeifen vor der nächsten Nutzung richtig abkühlen konnten. Großvater rauchte keine Pfeife. Er rollte sich von den trockenen Blättern schon mal eine Zigarre, was ihm aber wirklich nicht gut gelang, da sie meist zerbrachen. Für die Zigarrenherstellung waren unsere Pflanzen wahrscheinlich nicht die richtige Tabaksorte oder man musste genau wissen, wie man Tabakblätter rollt.

Der Schwarzmarkt blühte. Alles Erdenkliche wurde getauscht oder mit hohen Reichsmarkbeträgen bezahlt. Neben Zigaretten standen auch Nylonstrümpfe hoch im Kurs. Den Zustand des Schwarzhandels wollten die Alliierten bereits 1946 beenden. Doch die Verhandlungen der Siegermächte, eine gemeinsame Geldreform für Deutschland zu finden, zogen sich hin. Schließlich scheiterten die Bemühungen am sowjetischen Veto, sodass die westlichen Besatzungsmächte, bestehend aus Frankreich, Großbritannien und Amerika, eine eigene Reform beschlossen. Die von Polen besetzten Gebiete in Westdeutschland spielten bei dieser Entscheidung keine Rolle.

Am Sonntag, den 20. Juni 1948, war es so weit. Die Währungsreform in den westlichen Besatzungszonen war eine wichtige Grundlage für die darauf folgende wirtschaftliche Entwicklung Westdeutschlands. Als sogenanntes *„Kopfgeld"* konnte zunächst jeder Bürger 40 Reichsmark gegen 40 Deutsche Mark (*DM = D-Mark*) eintauschen. Man bezahlte jetzt nur noch mit dem neuen Geld. Das hatte den Effekt, dass plötzlich die Läden voller Waren zu normalen Preisen waren, Artikel, die vorher kaum erhältlich waren.

Einige Geschäfte begannen schon Freitag vor der Währungsreform Ware, die sie wahrscheinlich zuvor einkaufen konnten, noch gegen Reichsmark zu verkaufen. An diesem Tag waren meine Eltern gerade im Konsum in Oberzwehren, unser Nachbarortsteil. Dort sahen sie Spielzeug-Traktoren aus Metall mit Anhänger in der Auslage. Spielwaren waren eigentlich für dieses Lebensmittelgeschäft atypisch. Das wäre ein ideales Geburtstagsgeschenk für meinen Bruder, der in ein paar Tagen vier Jahre alt wurde, dachten meine Eltern. 20 Reichsmark für einen Traktor konnte man leicht ausgeben, denn außer den 40 Mark für das Kopfgeld war der Rest der Reichsmark, den man noch besaß, nicht mehr viel wert. Ein glücklicher Zufall, dass gerade dieses Lebensmittelgeschäft Spielwaren im Angebot hatte. Spielsachen selbst gab es direkt nach Kriegsende noch selten auf dem Markt. Eher bekam man von Nachbarn und Bekannten etwas geschenkt, was sie selbst nicht mehr benötigten.

Als ich das mitbekam, dass mein Bruder einen Traktor haben sollte und ich mit meinen neun Jahren, der schon seit langer Zeit keine eigenen Spielsachen besaß, leer ausgehen sollte, war ich richtig verärgert und enttäuscht. Deshalb protestierte ich auch lautstark. Vielleicht dachten meine Eltern in diesem Moment nicht so weit, dass sie mir mit so etwas auch eine Freude hätten machen können, als sie für meinen Bruder ein schönes

Geburtstagsgeschenk fanden. Doch mein Aufstand lohnte sich. Schließlich gaben mir meine Eltern auch 20 Reichsmark, damit auch ich mir einen Traktor kaufen konnte. Ich rannte, so schnell mich meine Füße trugen, querfeldein zu unserem Nachbarort, um geschwind zum Konsum zu kommen. So schnell wie an diesem Tag war ich noch nie in diesem Geschäft. Außer Atem rannte ich durch den Laden, bis ich die Auslage mit den Traktoren fand. Es waren noch einige vorhanden. Ich hatte wirklich Glück und mein schnelles Handeln wurde belohnt. Ich kaufte mir einen Traktor. Zufrieden ging ich nach Hause. Nun war die Welt für mich wieder in Ordnung.

*

Wenn man jetzt auch nahezu alles bekommen konnte, konnten wir persönlich doch nicht alles kaufen. Dazu fehlte uns einfach das Geld. So ergänzten wir, wie schon in den ganzen Kriegsjahren davor, unseren Lebensunterhalt als Selbstversorger mit Produkten aus Stall, Garten- und Feldarbeit.

Es war noch Mai und damit die Pflanzzeit der Spätkartoffeln. Meine Großmutter war mit einigen Frauen, die selbst ein Stück Land bewirtschafteten und sich bei der Feldarbeit gegenseitig halfen, auf unserem Feld. Das Stück Land von gut zwei Morgen (alte Maßeinheit entspricht etwa 2.500 Quadatmeter) lag auf dem Gebiet, das auch heute noch „Langes Feld" heißt. Unser Anwesen lag am Ende des Gebietes und grenzte direkt

*Hier war das Stück Land, das meine
Großeltern bewirschafteten. Links der englische Friedhof.*

hoch oben an die Eisenbahnlinie Kassel-Frankfurt. Hier
sind auch der englische und russische Soldatenfried-
hof aus dem Ersten Weltkrieg. Unser Bauer pflügte den
Acker um und die Frauen setzten die Pflanzkartoffeln.
Das kannte ich noch aus der Schwalm. Ich kam an diesem Tag recht früh aus der Schule und marschierte mit
meiner Mutter, die für die fleißigen Helfer zu Mittag eine
Brotzeit vorbereitet hatte, zum Kartoffelfeld. An Schularbeiten hatte ich in der zweiten Klasse nicht allzu viel
auf und wollte diese später machen. Mutter legte als
Tischdecke ein Laken am Feldrand für ein reichhaltiges
Mal nieder. „Ahle Worscht", Speck, Käse, Brot und eine

kräftige Kartoffelsuppe mit Würstchen hatte sie vorbereitet. Als sich alle gestärkt hatten, ging meine Mutter zurück, um für den späten Nachmittag für Kaffee und Kuchen zu sorgen. Ich durfte auf dem Feld bei Oma bleiben. Während die anderen die Kartoffeln pflanzten, verbrachte ich die Zeit damit, ein Zelt zu bauen. Helfen beim Kartoffelpflanzen, dazu hatte ich keine Lust. Die Idee mit dem Zelt fand ich viel interessanter. Wir hatten einige Planen dabei, die noch aus dem Kasernendepot stammten, in dem auch unser Luftschutzbunker war. Einige davon hatte Mutter schon als Unterlage für die Vesperecke verwendet.

Unmittelbar an der Friedhofsmauer war ein größeres Loch und darüber wollte ich die Zeltplane spannen. Ein Seil band ich an den Ast des Busches neben der Mauer, um die Plane damit zu befestigen. Ich holte mir das große Messer aus dem Vesperkorb, um damit zum Befestigen ein Loch in das Ende der Plane zu stechen. Die Plane war sehr dick und stabil. Das Messer rutschte ab und ich schnitt mir damit zwischen Zeigefinger und Daumen in die linke Hand. Es fing sofort an, stark zu bluten, und ich geriet in Panik. Ich ließ das Messer fallen und mit der rechten Hand drückte ich die Wunde zu und rannte nach Hause. Auf die Idee, zu meiner Oma zu gehen, kam ich erst gar nicht. Ich wollte so schnell ich konnte zu meiner Mutter. Von Angst getrieben wollte ich ganz schnell nach Hause. Immer die linke Hand haltend, lief ich und lief die fast zwei Kilometer über die Felder. Dabei tropfte das Blut unaufhörlich auf die Erde. Es kam mir vor, als liefe ich um mein Leben. Die Zeit bis ich unser Haus erreicht hatte, kam mir unendlich vor. Schreiend lief ich in die Wohnung. Meine Mutter bekam einen riesigen Schreck, als ich plötzlich blutend in der Tür stand. Ohne zu fragen, was passiert sei, verband sie mich sofort notdürftig und brachte mich dann zum Arzt, der im benachbartem Ortsteil seine Praxis hatte. Auf dem Weg dahin musste ich meiner Mutter erzählen, wie und was ich angerichtet hatte. Der Arzt klammerte die Wunde, versorgte sie fachgerecht und sagte ermahnend, dass so kleine Jungen nicht mit Messern spielen sollten. Inzwischen hatte ich schon viel Blut verloren und fühlte mich doch ein wenig schwach. Das wollte ich mir aber nicht anmerken lassen, denn ich wollte wieder zurück aufs Feld.

Wieder zu Hause angekommen, hatte ich mich inzwischen beruhigt. Ich brauchte also nicht zu sterben. Mutter machte den Korb mit Kaffee und Kuchen fertig, den sie aufs Feld bringen wollte. Als wir gerade das Haus verließen, kam Großvater von der Arbeit. Beschämt erzählte ich ihm, was passiert war. Er aber schüttelte nur den Kopf und grinste. Meine Mutter machte sich mit dem Korb auf den Weg. Großvater zog sich noch schnell um, fuhr dann mit dem Fahrrad auch zum Feld und nahm mich auf dem Gepäckträger mit. Als wir auf dem Feld ankamen, waren alle in großer Aufregung. Erst als sie mich auf dem Fahrrad sahen, fiel ihnen ein Stein vom Herzen. Sie hatten inzwischen gemerkt, dass ich verschwunden war, und als sie das angefangene Zelt und das blutige Messer entdeckten, vermuteten sie ein großes Unheil. Sie suchten die ganze Gegend und auch den Bahndamm ab, aber ohne Erfolg. Verärgert waren sie schon über mich, weil sie ihre Arbeit unterbrechen mussten. Doch da mir außer meiner Schnittwunde nichts fehlte, hatten sie mir schnell verziehen. Stolz zeigte ich allen meine verbundene Hand. Meine Schularbeiten konnte ich am Abend auch noch machen, da nur die linke Hand verbunden war. An dieses Erlebnis kann ich mich noch gut erinnern, weil an der Hand bis heute eine große Narbe geblieben ist. Mit den gepflanzten Kartoffeln, die im Herbst geerntet wurden, wurde wieder ein Teil zur Selbstversorgung beigetragen.

*

Das im Herbst geerntete Obst und Gemüse wurde für den Winter als Vorrat eingeweckt, Kartoffeln eingekellert, Weißkohl gehobelt und zu Sauerkraut in einem Steintopf reifen lassen. Ebenso Gurken. Gurken einlegen, das war die Spezialität meiner Großmutter. Die Gurken wusch sie vorher, füllte sie in einen großen Steinkrug und gab viel erhitztes Essigwasser dazu, ebenso Gewürze wie Dill aus unserem Garten. Welche weiteren Zutaten wie Senf- und Pfefferkörner sie verwendete, blieb ihr Geheimnis. Um die Gurken anschließend komplett zu bedecken, legte sie obendrauf ein rundes Brett und einen schweren Stein und verschloss so das Ganze. Nach zirka zwei Wochen waren die Gurken gereift und essbar. Manchmal ging ich heimlich und ohne, dass es bemerkt wurde, in den Keller und machte ich mich an dem großen Gurkenfass zu schaffen. Die Essiggurken schmeckten aber auch zu gut.

Da wir zu Hause im Garten nur zwei Apfelbäume hatten und der Winter lang war, ersteigerte mein Vater von der Gemeinde Äpfel von Bäumen, die an der Landstraße und auf Streuobstwiesen standen. Kurz vor der Apfelernte konnte man an der Versteigerung teilnehmen. Ein Gemeindebediensteter ging dann mit den Interessenten von Baum zu Baum und schätzte die Apfelmenge pro Baum. Dann nannte er der Menge entsprechend den Preis und man konnte sich melden, um den Zuschlag zu bekommen. Waren mehrere Bieter an einem Baum interessiert, ging der Preis auch schon mal in die Höhe. War der Handel perfekt, schälte der Gemeindebediensteter mit einem Messer ein Stück von der Baumrinde ab und schrieb eine Nummer darauf. Man bezahlte die vorgegebene Summe und bekam eine Quittung mit der Baumnummer darauf. Tage später, mit Handwagen, Körben und Leiter bewaffnet, erntete mein Vater die ersteigerten Äpfel. Ich musste dabei helfen und oft in die Baumspitzen klettern. Das Fallobst und die Äpfel, die nicht so gut aussahen, brachten wir zum Mosten. Einige Flaschen Most kamen immer zusammen und im Winter war der Most zu besonderen Anlässen eine willkommene Abwechslung.

*

Im Winter schlachteten wir, wie jedes Jahr, ein Schwein. Die Mettwurst (als nordhessische Spezialität *Ahle Worscht* genannt) kam zum Lufttrocknen auf den Dachboden in eine der Bodenkammern. Die war natürlich abgeschlossen. Doch wo ein Wille ist, ist auch ein Weg – zur Wurst. Sie schmeckte so unglaublich gut. Ein paar Mal gelang es mir, durch die Abseite vom Nebenraum aus in jene Bodenkammer zu gelangen, in der die Würste hingen. Das war kein leichtes Unterfangen, denn die Abseite war sehr eng und voller Spinnenweben. Der Lohn dafür war eine der vielen Würste, die ich in der Hoffnung, nicht entdeckt zu werden, mitnahm. Ob Großvater das je gemerkt hat, habe ich nicht erfahren. Gesagt hat er jedenfalls nie etwas.

Fleisch gab es, so wie in dieser Zeit bei den meisten Familien, bei uns nur am Sonntag. Mit der ganzen Familie fand mittags immer das große Essen mit drei Gängen statt, verbunden mit viel Arbeit für Mutter und Großmutter. Vor allem weil vieles frisch der Jahreszeit entsprechend zubereitet wurde, wie zum Beispiel Salate, Rotkohl, Bohnensalat und vieles mehr.

Weihnachten war es ähnlich. Da gab es traditionsgemäß ein frisch geschlachtetes Kaninchen. Damit es für alle für zwei Feiertage reichte, wurde das Kaninchen mit Mett gefüllt. Man nannte es „falscher Hase". Wenn ich Glück hatte, bekam ich eine Keule von dem Kaninchen. Die war sehr lecker und nicht so trocken wie das übrige Fleisch. Das war natürlich für mich eine große Portion. Aber nach Großvater und Vater war ich ja schließlich der dritte Mann im Haushalt, denn es war üblich, dass die Männer das Fleisch aufteilten und selbst immer das größte Stück bekamen. Sie waren schließlich auch die Ernährer der Familie.

Doch lieber als das gemeinsame Essen am Sonntag war mir immer der Samstag, auch wenn er für mich mit Arbeit verbunden war. Mutter backte fürs Wochenende nämlich einen großen Blechkuchen mit Streuseln oder als Butterkuchen. Das Blech war so groß, dass es nicht in unseren Backofen passte. Deshalb brachte ich, oft zusammen mit meiner Schwester, das Blech auf unserem Fahrradanhänger zum Bäcker. Das war der Bäcker, bei dem wir auch das Mehldeponat für unser Brot hatten. Manchmal konnten wir zusehen, wie er das Blech mit einer großen Holzschaufel in den Ofen schob. Am Nachmittag konnten wir den fertig gebackenen Kuchen abholen. Wir packten das Blech, das gerade so auf die Ladefläche passte, wieder auf den Fahrradanhänger. Ein paar Häuser weiter vom Bäcker entfernt war gleich der Milchmann. Hier holten wir noch frische Milch in der mitgebrachten Milchkanne. Fertig abgepackte Milch gab es noch nicht. Einmal passierte es mir, dass ich stolperte und die kostbare Milch verschüttete. Das gab Ärger.

Zu Hause angekommen, schnitt Mutter den noch frischen Kuchen an und die ganze Familie traf sich zur Kaffeepause in der Küche. Frisch schmeckte der Kuchen am besten. Später gab es dann auch schon mal zu unserem Samstags-Kuchen richtigen Bohnenkaffee, den man geröstet aber ungemahlen im Konsum kaufen konnte. Die rohen Kaffeebohnen wurden dort noch per Hand geröstet. Großmutter hatte eine Kaffeemühle, in die man oben die Bohnen hineinschüttete. Mit Drehen einer Kurbel bediente man das Mahlwerk.

Unten in einem Kästchen fing man das gemahlene Kaffeepulver auf. Das roch immer köstlich. Auch wenn es von dem frischen Kuchen schon mal Bauchweh gab, war der Samstag für mich immer der schönste Tag der Woche.

*

Näher als zum Bäcker hatten wir es zu unserem Lebensmittelhändler. Der hatte sein Geschäft vorne an der Frankfurter Straße. Das waren nur ein paar Hundert Meter. Da es für alle Waren eine Preisbindung gab, war es beim Krämer um die Ecke nicht teurer als beim Konsum oder anderswo. Supermärkte und Discounter gab es noch nicht und alle Läden waren reine Bedienungsgeschäfte.

Der Kaufmann stand hinter dem Tresen. Man sagte ihm, was und wie viel davon man haben wollte. Er holte Stück für Stück herbei, packte die Ware auf die Theke. Viele der Lebensmittel gab es nur als lose Ware, zum Beispiel Mehl, Salz, Zucker, Reis. Selbst Maggi-Würze füllte man aus einer Riesenflasche ab. Die Kunden brachten für diese Waren ihre Behältnisse wie Dosen, gebrauchte Papiertüten, selbst genähte Beutel, Flaschen oder Töpfe mit. Eine Gegebenheit, die heute bei dem riesigen Verpackungsvolumen, das die Industrie produziert, manchmal wieder wünschenswert wäre. Doch durch den Selbstbedienungsmodus in allen Geschäften ist dieser Weg zurück wohl nur schwer zu erreichen.

Unser Kaufmann war im Bedienen recht flott. Er stellte die gewünschte Ware auf den Tresen und notierte die einzelnen Preise auf einen Notizblock. Er war auch ein Wunder der Rechenkunst, denn mit einer atemberaubenden Geschwindigkeit addierte er die zuvor auf einen Block geschriebenen Einzelpreise. Es war faszinierend, ihm dabei zuzusehen. Ich wüsste nicht, dass er sich einmal verrechnet hätte.

Heute möchte man eigentlich wieder dorthin, wo wir in dieser Zeit schon waren. Nicht zum Bedienungsmarkt, aber zu weniger Verpackungsmüll und frischer Ware aus der Region. Einfach durch den Supermarkt oder Discounter zu marschieren, verpackte Ware in den Einkaufswagen zu legen, das ist aber die bequemste und schnellste Art des Einkaufens. Für den Handel ist der Verkauf von industriell verpackter Ware lukrativer und spart ein Mehr an Personalkosten. Bei der Vermeidung von zu viel Umverpackung wird sich wohl so schnell nichts ändern.

*

Für Obst und Gemüse brauchten wir keine Verpackung. Wir hatten alles im Garten. Doch es fiel auch immer eine Menge Gartenarbeit an. Da konnte und durfte ich mithelfen. Gern half ich bei meinen Großeltern im Garten und machte dies aus eigenem Antrieb. Es gab sogar noch Taschengeld dafür. Mein Großvater gab mir am Wochenende nach getaner Arbeit eine Mark und sagte: *„Geh zu deiner Oma, die gibt dir auch noch etwas.*

Sag aber nicht, dass ich dir schon etwas gegeben habe."
So ging ich auch zu meiner Großmutter und bekam auch von ihr nochmals eine Mark. Das war ideal.

Nicht so lukrativ war es, wenn ich Vater helfen musste. Er hatte inzwischen noch einen Schrebergarten auf der Dönche angemietet, der gut fünf Kilometer von unserem Haus entfernt lag. Diese Strecke, die zum Schluss recht steil anstieg, fuhr er meistens mit dem Fahrrad mit Anhänger. Oft musste ich mit und im Garten helfen. Ich hatte noch kein eigenes Rad und deshalb wurde ich im Hänger transportiert. Wenn meine Mutter auch im Garten mithalf, gingen wir die Strecke zu Fuß.

Wir brauchten diesen Garten, auch wenn er nicht gerade in unserer Nähe lag, um uns weitgehend selbst versorgen zu können. Vater hatte dort ein kleines Häuschen gebaut, in dem er die Gartengeräte unterbringen konnte. Mühsam hatte er die Baumaterialen im Anhänger zum Grundstück transportiert und Stück für Stück den Schuppen errichtet. Selbst an einen kleinen Ofen hatte er gedacht. So konnte man schon mal Kaffee zubereiten oder ein mitgebrachtes Essen aufwärmen. Manchmal verbrachte unsere ganze Familie am Wochenende einen Tag im Schrebergarten. Neben der Arbeit genossen wir dann die Freizeit. Bei schönem Wetter war dies wie ein Ferientag.

Später, als unsere Großeltern nicht mehr das Stück Land für Kartoffeln und Roggen gepachtet hatten, wurde es mit den Kartoffeln im Winter recht knapp. Um nicht zu viele Kartoffeln hinzukaufen zu müssen, gingen meine Schwester und ich im Herbst auf die Kartoffelfelder, die bereits von den Bauern abgeerntet waren und stoppelten dort Kartoffeln. Mit einer Hacke durchpflügten wir Stück für Stück den Ackerboden. Meistens hackte meine Schwester den Boden auf und ich packte die Kartoffeln in einen Sack. Erstaunlich, was nach der Ernte der Bauern noch an Kartoffeln zutage kam. Wenn wir genug Kartoffeln gestoppelt hatten, luden wir alles auf unseren Fahrradanhäger und fuhren nach Hause. Nicht immer ging das kostenlose Kartoffelernten so reibungslos ab. Dann mussten wir das Weite suchen, wenn der Bauer in Sicht war. Gern gesehen war das Stoppeln nicht, denn man entwendete eigentlich das Eigentum der Bauern. Aber wir beide konnten so dazu beitragen, weniger Kartoffeln, ein wichtiges Grundnahrungsmittel dieser Zeit, vom Bauern zum Einkellern kaufen zu müssen.

*

Auch für den Winter wurde entsprechend vorgesorgt. Mit einem großen Handwagen waren dazu mein Vater und ich rund vier Kilometer zum Kohlenhändler unterwegs. Der Kohlenhändler hatte sein Geschäft am Bahnhof Niederzwehren. Obwohl ich erst zehn Jahre alt war, musste ich meinem Vater helfen, den schweren Wagen bergauf und bergab bis nach Hause zu ziehen, und das drei Mal, bis wir die gesamten Kohlen zu Hause hatten. Alleine hätte er es wahrscheinlich auch nicht geschafft. Doch damit nicht genug. Im Keller durfte ich dann noch die Briketts stapeln. Kartoffeln für den Winter, die wir zusätzlich benötigten, lieferte glücklicherweise unser Bauer und trug sie auch bis in den Keller.

Einmal war der Weg zum Kohlenhändler für mich recht lohnend. Als wir auf dem Hinweg an der Drogerie vorbei kamen, entdeckte ich in der Auslage im Schaufenster, in der Fotoapparate ausgestellt waren, unter anderem eine Boy-Box. Dieser simple Fotoapparat kostete inklusive eines Rollfilms neun Mark und fünfzig Pfennig. Den wollte ich unbedingt haben, weil einige Klassenkameraden auch solch einen Apparat besaßen. Ich hatte mein Erspartes dabei. Doch das Geld reichte nicht ganz für den Kauf. Ich bearbeitete meinen Vater so lange, bis er den Rest dazugab. Die Boy-Box war

Die Boy-Box, die noch heute funktioniert

eine einfache Blechbox mit Objektiv, mit der man aber ganz gute Bilder machen konnte. Die Handhabung war ganz einfach. Man öffnete die Box an der Rückseite, zog das Innenteil heraus, spannte den Rollfilm darüber und schob das Ganze wieder in den Apparat. Mit dem Hebel an der Außenseite konnte man nun den Rollfilm Bild für Bild weiterdrehen. Jetzt war auch ich stolzer Besitzer solch eines Fotoapparates und konnte herrliche Schwarz-Weiß-Fotos machen. Noch heute besitze ich diese simple Kamera.

Schlimmer als Briketts holen war aber das Sägen von Brennholz, überwiegend Eisenbahnschwellen. Vater hatte ausrangierte Bahnschwellen besorgt und sie an den Straßenrand gegenüber unserem Grundstück abladen lassen. Die Fahrbahn der Straße war mit Schotter befestigt und am anderen Straßenrand wuchsen Gras, Brennnesseln und allerlei Unkraut. Da war das Lagern der Bahnschwellen kein Problem. Hier bauten wir auch den Sägebock auf. Mit einer Schrotsäge machten wir aus den Bahnschwellen Brennholz. Schwelle für Schwelle. Auf einer Seite mein Vater, auf der anderen ich. Wir zogen die Säge immer hin und her, bis ein Klotz abgeschnitten war. Das Ziehen der Säge fiel mit nicht leicht, sodass mein Vater die Säge auch meistens noch zurückschieben musste. „*Pass doch auf*", schimpfte er, wenn sich die Säge beim Zurückschieben verbog. Das Holz war aber auch sehr hart, weil es mit Teer getränkt war. Das Sägen war nicht ganz einfach. Diese Arbeit machte selbst meinem Vater keinen Spaß, doch das Brennholz brauchten wir für den Winter. Die

Klötze mussten anschließend noch mit der Axt zerkleinert und im Schuppen hinter dem Haus gestapelt werden. Dass die Gase durch das Verbrennen der geteerten Bahnschwellen gesund waren, würde ich heute sehr bezweifeln. Damals war man aber froh, überhaupt Brennholz für den Winter zu haben.

Noch war der Winter nicht vorbei. Im Haus war es recht kalt, weil nur der Küchenherd Wärme spendete. In einem weiteren Raum stand noch ein kleiner Kachelofen, der aber nie beheizt wurde. Kohle und Brennholz für einen zweiten Ofen konnten wir uns kaum leisten. Außer in der Küche waren die Fenster der anderen Räume oft zugefroren. Thermopenscheiben gab es noch nicht. Die Scheiben waren einfach verglast und oft zierten sie Eisblumen. Das sah recht dekorativ aus.

*

Wie in jedem Jahr wurde im Winter wieder ein Schwein geschlachtet. Großvater besorgte im Frühjahr ein Ferkel, das wir mit Kartoffelschalen, Rüben und Essensresten mästeten, bis es zum Winter zu einem schlachtreifen Schwein heranwuchs. Das Schlachten war immer ein großes Ereignis. Großvater und ich holten am Vorabend mit einem Handwagen bei dem Metzger, der nur Hausschlachtungen machte, alle Schlachtutensilien ab. Schon früh morgens war die ganze Familie auf den Beinen, denn beim Schlachten wurde jede Hand gebraucht. Das Ganze fand in der Waschküche statt. Zuerst erhitzte mein Großvater im Waschkessel Wasser, das zum Abbrühen und Reinigen des Schweines benötigt wurde. Der Metzger war inzwischen eingetroffen. Auf dem Hof legte er sich den Bolzenschussapparat, mehrere Messer und einige „Glocken" (so nannte man die Teile, mit denen man die Borsten abschaben konnte, weil sie wie Glocken aussahen) zurecht. Dann holten wir das Schwein aus dem Stall. Vom Stall aus gingen noch ein paar Stufen hoch zum Hof. Es war nicht einfach, das schwere Schwein die Stufen hochzuschieben. Es sträubte sich sehr und schrie und quietschte laut. Wir beeilten uns, das Schwein auf den Hof zu bekommen, denn die Nachbarn sollten nicht unbedingt durch das laute Schreien erfahren, dass wir schlachteten. Meist waren die Schweine in diesem Moment sehr aufgeregt. Sicherlich lag es daran, dass sie eine Vorahnung auf das Kommende hatten, wenn sie nur den Metzger rochen.

Großvater hielt so gut es ging das Schwein fest und der Metzger setzte den Bolzenschussapparat dem Schwein an die Stirn und tötete es mit einem Schuss. Nun durchschnitt er ihm mit einem scharfen Messer die Halsschlagader und sofort schoss das Blut heraus. Oma fing das ausströmende Blut in einer Schüssel auf und rührte es so lange, bis es erkaltet war. So konnte es nicht gerinnen und später für die Wurstherstellung genommen werden. Erst als das ganze Blut heraus war, kam das Schwein in einen riesigen Bottich. Aus der Waschküche holten wir in Eimern das heiße Wasser und gossen es über das tote Tier. So konnte man es sauber waschen und mit den Glocken so gut wie möglich die Borsten entfernen. Danach wurde das Schwein mit zusammen gebundenen Hinterläufen nach oben an dem großen Haken an der Wand aufgehängt. Nun nahm der Metzger ein großes Messer, schnitt dem Schwein den Bauch auf und holte die Eingeweide und Innereien heraus. Bevor er aber das Schwein weiter zerlegen durfte, musste es noch ein Veterinär, den Opa zu diesem Zeitpunkt bestellt hatte, auf Krankheiten untersuchen. Das war Vorschrift. Gab er grünes Licht, ging es sofort an die Verarbeitung. Der Metzger zerlegte das Tier nun in mehrere Teile, brachte sie in die Waschküche und sortierte sie nach ihren Verwendungszwecken wie Wurst, Speck und so weiter. Zwischenzeitlich reinigte Großvater die Gedärme, den Magen und die Blase, die später für die Wurst gebraucht wurden. Mit meiner Schwester zusammen bearbeiteten wir die vier Pfoten mit den kleineren Glocken und entfernten die Borsten daran.

Das Fleisch für die Wurst wurde nun zerkleinert und durch einen großen Fleischwolf gedreht. Die zerkleinerte Masse vermengte der Metzger dann mit Gewürzen in einem Holzbottich zu verschiedenen Wurstteigen. Der Teig kam in eine Füllmaschine, um ihn in die Därme zu füllen. Das geschah über das Rohr an der Maschine über das der Darm gestreift wurde. Ich durfte die Kurbel der Maschine drehen. Das musste sehr gleichmäßig geschehen, damit die Naturdärme nicht platzten. In immer denselben Abständen band der Metzger den gefüllten Darm zu Würsten ab. Bis auf die *Ahle Worscht*" wurden die Würste im Waschkessel, in dem wieder Wasser erhitzt wurde, gekocht oder gegart. Das Wasser ergab danach die kräftige Wurstebrüh.

Bei der vielen Arbeit vergaß ich natürlich auch meinen Hund nicht. Damit er beim Schlachten nicht störte, sperrten wir ihn an diesem Tag in den Garten. Von den Teilen, die wir vom Schwein nicht verwerten konnten, gab ich ihm zu fressen. Gierig schlang er die Stücke herunter. Nachher stellte sich heraus, dass das keine gute Idee war. Von dem frischen Fleisch und dem Blutgeruch war Molli ganz außer sich. Er knurrte laut, fletschte die Zähne, sprang wild gegen den Zaun und wollte wohl dem Geruch nach auf Jagd nach weiterer Beute gehen. Er war ständig am Bellen. Ich konnte ihn nicht bändigen. Es sah so aus, als könne er von dem rohen Fleisch und dem Blut nicht genug kriegen. Meinen Molli erkannte ich nicht wieder. Ich wollte ihn beruhigen, doch er fiel auch mich an. So ließen wir ihn zwei Tage im Garten eingesperrt, damit er sich beruhigen sollte. Das nützte nichts. Er war immer noch so wild und gefährlich. Man hätte glauben können, da er ein Mischling war, er würde vom Wolf abstammen. Auch in der Zeit danach besserte sich sein Verhalten nur unzureichend und meine Eltern sorgten dafür, dass er in ein Tierheim kam. Das fiel mir zwar schwer, doch ich konnte dagegen nichts machen. Und irgendwie war er auch nicht mehr der Hund, mit dem ich so gern gespielt hatte.

Der Höhepunkt des Schlachtefestes war am Abend das gemeinsame Mahl, das meine Großmutter und meine Mutter anrichteten. Darauf freuten sich alle. Nach getaner Arbeit gab es zu Sauerkraut und Salzkartoffeln warmes Wellfleisch und frische Frikadellen. Hinterher als zweiten Gang noch frisches Gehacktes und Brot. Dazu tranken die Männer Bier. Für die anderen gab es eine Flasche Most aus eigener Ernte. Noch am gleichen Abend brachten meine Schwester und ich Wurzelwurst und die Wurstebrühe in Milchkannen zu einigen Nachbarn und Bekannten, die sich daraus eine kräftige Suppe machen konnten.

Wurzeln (*Möhren*), Mehl oder Kartoffeln nutzte man damals als Zusatz zum Mett, um mehr Wurst aus einer Schlachtung zu bekommen. Bei uns gab es aber nur die Wurzelwurst. Ein Teil der Würste und der Speck wurden geräuchert. Dafür hatte Großvater extra eine Räucherkammer in einem Kellerraum mit direktem Zugang zum Schornstein eingebaut. Hier entfachte er ein Feuer, bis sich auf dem Boden der Räucherkammer eine Glutschicht bildete. Immer wieder sah er nach der Glut, damit ständig genug Wärme und Dämpfe zum Räuchern vorhanden waren, und überprüfte den Räucherprozess der Würste und vom Speck. Unangenehm war natürlich der Brandgeruch, der im ganzen Kellergeschoss auch über Monate hin nicht verschwand, obwohl der überschüssige Rauch durch den Schornstein verschwand. Man hatte das Empfinden, als wäre der Keller abgebrannt. Es roch so, wie nach einem Bombenangriff die zerstörten Häuser rochen. Aber wenn man Selbstversorger war, musste man auch diese Unannehmlichkeiten in Kauf nehmen. Und lecker waren die geräucherten Fleisch- und Wurstwaren allemal.

*

An die amerikanische Besatzungsmacht hatte man sich inzwischen gewöhnt. In vielen täglichen Dingen unterstützten die Amerikaner auch die Bevölkerung. Fast zehn Millionen Care-Pakete, überwiegend mit Lebensmitteln, verteilten sie in Westdeutschland. Ein Großteil der Hilfspakete ging nach Westberlin.

Wir selbst bekamen kein Hilfspaket, weil es uns wahrscheinlich noch recht gut ging. Allerdings stellte die Armee in den Septembertagen 1949 mehrere Militärlastkraftwagen zur Verfügung. Wir trafen uns früh morgens mit Nachbarn und weiteren Leuten aus der Umgebung an der Kaserne. Mit Hilfe der Soldaten kletterten wir auf die Ladeflächen der Lastkraftwagen, die rechts, links und in der Mitte Sitzbänke hatten. Die Fahrt der Kolonne ging in den nahe gelegenen Reinhardswald. Wir hatten uns alle mit Taschen, Beuteln und kleinen Körben bewaffnet, denn wir wollten im Wald Bucheckern, Früchte der Rotbuche, sammeln. Es entbrannte ein regelrechter Wettbewerb zwischen den einzelnen Sammlern. Auch wir Kinder setzten alles daran, mit den Erwachsenen mitzuhalten. Jeder wollte die meisten Bucheckern gesammelt haben. Es lagen reichlich Bucheckern unter den Bäumen. Nach ein paar Stunden holte uns der Fahrer wieder ab. Mit Taschen und Körben voller Bucheckern traten wir den Heimweg an, mit knurrendem Magen, aber voller Stolz auf das gute Ergebnis unserer Sammelaktion. Die kleinen dreieckigen Bucheckern galten als sehr gesund, weil sie randvoll mit lebensnotwendigen Fettsäuren sind und das Bucheckernöl sehr schmackhaft ist.

Jetzt begann erst die eigentliche Arbeit, das Aufbrechen der äußeren Bucheckern-Schale, in der jeweils zwei der Nüsschen waren, und dann das Pressen der kleinen Eckern, was sehr mühsam war. Doch für diese Mühe wurden wir mit ein paar Liter Öl belohnt. Ein wahrer Schatz in dieser kargen Zeit. Nachbarn hatten uns eine kleine Ölpresse geliehen, um aus den Nüsschen überhaupt das Öl auspressen zu können.

Nicht nur den Transport in die Wälder zum Bucheckernsammeln organisierten die amerikanischen Soldaten mit viel Hingabe, auch den größeren Kindern bereiteten sie mit einer Einladung in die Kaserne viel Freude. Mit ihren Lastwagen holten sie uns an der Schule ab und fuhren uns in die Kaserne. Sie führten uns in die Kantine. Auf den Tischen standen eine Menge Getränkeflaschen, die uns unbekannt waren. Hier lernten wir erstmals Coca-Cola kennen. Jeder durfte eine große Flasche dieses unbekannten, doch wohlschmeckenden Getränks sein Eigen nennen. Für Stimmung sorgte Musik aus einer Jukebox. Wir waren fasziniert, wie sich das Rad mit den kleinen Schallplatten drehte und wieder anhielt. Ein kleiner Arm holte jetzt genau die Schallplatte heraus, auf der das von uns gewählte Musikstück war. Es war eine richtige Party. Ehe sie uns zurückbrachten, bekam jeder noch eine Tafel Schokolade. Für uns Kinder war es ein ereignisreicher Tag.

Aber auch eine andere Art an Geschenken brachten die Amerikaner 1947 indirekt mit, den Kartoffelkäfer oder „Colorado potato beetle", wie er scherzhaft genannt wurde. Dieser gelb-schwarze Käfer war kurze

Zeit später eine richtige Plage. Überall auf den Feldern fraßen sie die ganzen Blätter der Kartoffelpflanzen auf. Die Stauden wurden kahl und vertrockneten. Die Kartoffelpflanzen gingen ein. Die Kartoffelernte war gefährdet. Das durfte bei der Lebensmittelknappheit auf keinen Fall passieren. 1947 war das Jahr der größten Kartoffelkäfer-Plage in Deutschland. Man versuchte, so viel wie möglich der Schädlinge einzusammeln. Selbst Schulklassen setzte man zum Sammeln der Käfer ein. Zu Hause gaben wir einen Teil der Käfer den Hühnern zum Fraß. Die intensive Bekämpfung der Plage zahlte sich aber aus. Schon im nächsten Jahr war der Kartoffelkäfer nahezu verschwunden.

*

Inzwischen hatte sich die Zwangsbelegung von Wohnraum erheblich gelockert. So konnten meine Großeltern in ihrem Haus zwei Zimmer im Obergeschoss beziehen. Wir hatten jetzt die komplette Wohnung im Erdgeschoss für uns. Nur kochen und essen mussten wir noch gemeinsam mit unseren Großeltern, weil im Obergeschoss Küche und ein weiteres Zimmer vermietet werden mussten. Hier war ein Ehepaar eingezogen. Er war Opernsänger am Staatstheater. Grausam hörte es sich immer an, wenn der Mann seine Arien probte. Für uns unfassbar, dass man damit Geld verdienen konnte. Für unsere Großeltern war das natürlich keine glückliche Konstellation, mit fremden Leuten in einer Wohnung leben zu müssen und das im eigenen Hause. Einen harmonischen Kontakt zu den Mitbewohnern konnten sie dadurch schlecht aufbauen.

Ähnlich lockerte sich das Wohnungsproblem bei anderen Familien. So auch im Haus am Ende unserer Straße, in dem auch Ännchen, die Freundin meiner Schwester, wohnte. Die große Schwester von Ännchen hatte jetzt nicht nur ein eigenes Zimmer, sondern auch einen amerikanischen Freund. Sie ging nämlich in die sogenannten Ami-Clubs, wo junge deutsche Mädchen willkommen waren. Hier spielten Live-Bands und es wurde viel getanzt, getrunken und geliebt. Viele der Mädchen gingen nicht nur zum Feiern in diese Clubs, sondern sie freundeten sich oft mit den amerikanischen Soldaten an. So auch Ännchens Schwester. Den amerikanischen Freund brachte sie mit nach Hause. Oft übernachtete er auch dort. Meine Schwester und ich fanden es schon verwunderlich, dass Ännchens Familie auf einmal solch kostbare Sachen wie Bohnenkaffee, Schokolade, Zigaretten, Nylonstrümpfe und andere Dinge hatten, wir aber nicht. *„Das bringt der amerikanische Freund mit"*, sagten sie.

Doch befremdend war, dass die Schwester kurzfristig immer wieder einen neuen Freund hatte. Mal einen Weißen, mal einen Farbigen. Die Nachbarn redeten schon heimlich darüber und fanden das gar nicht schicklich. Hinter vorgehaltener Hand sprach man über diese jungen Frauen mit den amerikanischen Freunden und nannte sie *„Ami-Nutten"*. Doch die jungen Frauen erhofften sich dadurch ein angenehmeres Leben ohne

Entbehrungen. Die Kriegsjahre waren für diese heranwachsenden jungen Mädchen alles andere als rosig und ungleich schwerer als das, was das Leben der Teenies heute ausmacht. Keine chice Kleidung, keine großen Partys, wenig Perspektiven und nur die Sorge ums nackte Überleben. Konnte man diese jungen Frauen nicht auch ein wenig verstehen? Endlich das Leben zu leben. Meist partizipierten auch deren Familien von den Zuwendungen der Soldaten in dieser kargen Zeit. Einige der Frauen heirateten ihre amerikanischen Freunde, manche gingen sogar mit in die USA.

Vielleicht war aber das Gerede der Nachbarn der Grund, dass Ännchens Schwester recht bald aus der Elternwohnung auszog. Ihre Mutter vermietete das nun frei gewordene Zimmer an andere junge Frauen. Keine der Frauen blieb lange. Ich fand es bei den Leuten recht amüsant. Eine Zeit lang wohnte dort eine charmante junge Frau und ein attraktiver amerikanischer Soldat kam sie oft besuchen. Wenn ich mit meiner Schwester bei Ännchen war, holte mich der Soldat manchmal in das Zimmer der jungen Mieterin. Beide hatten mich wohl ins Herz geschlossen, denn ich durfte an einem Wochenende mit den beiden angeln gehen. Früh am Morgen fuhren wir in einem Jeep an die Fulda. Ein paar Stunden lang bemühten wir uns, etwas zu fangen. Der Soldat hatte auch für mich eine Angel dabei. Er zeigte mir, wie ich mit der Angel umgehen musste. Aber so richtig bekam ich das nicht hin. Trotzdem amüsierten die beiden sich köstlich über mich. Das Angelglück war nicht auf unserer Seite. Wir fingen keinen einzigen

Fisch. Ich war darüber sehr enttäuscht. Doch zum Trost beschenkten sie mich mit einer Tafel Schokolade, was ich toll fand. Doch bald zog auch diese Frau aus. Für mich ein wenig schmerzlich, denn ich hatte mich mit den beiden wirklich angefreundet.

*

Es war Mai. Die Abende waren lau und wir hielten uns auf der Straße auf. Eine Buchenhecke begrenzte einen Teil unseres Grundstücks. In diesem Jahr gab es viele Maikäfer, die von der Buchenhecke angezogen wurden. Sie schwirrten bei der Dämmerung in Massen durch die Luft immer Richtung Hecke. Für uns Kinder war es ein Vergnügen, die Käfer im Flug zu fangen. Eine Zigarrenkiste von Opa hatte ich mit Buchenblättern ausgelegt. Hier hinein verstaute ich die gefangenen Maikäfer. War die Kiste voll, fütterte ich die Hühner mit den Käfern. Die freuten sich über Lebendfutter und pickten die Käfer fleißig auf. Doch Oma meinte, zu viel der Maikäfer als Futter sei nicht gut, weil dann die Eier merkwürdig schmecken würden. Deshalb ließ ich ein Teil meines Fangs wieder in die Freiheit.

Es war wieder so ein lauer Maiabend. Wir waren eifrig dabei, die Maikäfer zu jagen, als ein farbiger US-Soldat die Straße entlangkam. Wir vermuteten, dass er zu der jungen Frau wollte, die im Haus von Ännchens Mutter ein Zimmer gemietet hatte. Ich wunderte mich immer wieder, warum die Soldaten dort hingingen und so viele Geschenke mitbrachten. Das wusste ich noch von dem Amerikaner, mit dem ich zum Angeln war. Warum sie nicht zu uns kamen, war mir ein Rätsel. Irgendwie musste ich diesen Umstand ändern. Beherzt ging ich auf den Soldaten zu und fragte ihn, ob er mal zu uns kommen wolle. Ich weiß nicht, ob er verstanden hatte, was ich von ihm wollte. Englisch sprach ich noch nicht. Aber er gab mir zu verstehen, heute könnte er nicht, aber demnächst käme er auch zu uns. Daraufhin ging er weiter und verschwand mit einem Päckchen unterm Arm in dem letzten Haus. Ich war ein wenig enttäuscht, wollte aber daran glauben, dass er sein Versprechen wahr machen würde. Das sagte ich auch den anderen. Doch die hatten nur ein mildes Lächeln für meinen Optimismus. Am nächsten Abend war ich wieder fleißig auf Käferfang und wartete ungeduldig auf den Soldaten. Doch er kam nicht. Es kam auch kein anderer Soldat. So ging es ebenfalls die nächsten zwei Abende. Meine Enttäuschung war inzwischen groß. Der Soldat war doch so nett und glaubwürdig gewesen. Ich verstand die Welt nicht mehr.

Aufgeben wollte ich aber auch nicht so schnell und stand deshalb am Abend darauf wieder auf der Straße mit meiner Zigarrenkiste in der Hand und fing die Maikäfer. Es verging die Zeit und meine Enttäuschung wuchs weiter. Es war noch nicht ganz dunkel, als doch der farbige Soldat die Straße entlang kam. Meine Großeltern und meine Mutter, alle waren draußen vor unserem Haus. Auch meine Schwester, sie saß auf der Treppe vor der Haustür. Ich stand wie angewurzelt vor unserer Gartenpforte. Als der Soldat neben mir stehen blieb, war ich erst einmal sprachlos und sehr aufgeregt. Hatte er Wort gehalten? Er sagte zu mir: *„Hey boy, good evening"* und gab mir die Hand. Daraufhin schaute ich mir meine Hand an, ob sie schwarz geworden war. Ich war ganz unsicher, ich hatte zuvor noch nie einen farbigen Menschen berührt. Aber meine Hand war so hell wie vorher. Ich konnte es immer noch nicht glauben, er wollte uns wirklich besuchen. Freudig rief ich die Familie zusammen, nahm den Besucher jetzt ohne Bedenken an die Hand und ging mit ihm Richtung Haustür. Auch meine Familie hatte nun begriffen, dass der Soldat uns wirklich besuchen wollte. Zuerst waren alle perplex. Doch dann fasste meine Großmutter allen Mut zusammen, winkte dem Soldaten zu und ging voraus ins Haus. Die anderen folgten. In der kleinen Stube, in der unter anderem auch ein altes Grammofon stand, nahmen wir alle Platz. Der Soldat, Casson hieß er, setzte sich mit in die Runde. Im ersten Moment wussten wir nichts miteinander anzufangen. Keiner sprach Englisch. Wir schauten uns gegenseitig an und mussten doch lachen. Da war das Eis gebrochen und Casson ergriff die Initiative. Er hatte eine Menge mitgebracht und begann, die Sachen auszupacken und sprach dazu. Wahrscheinlich erklärte er, was er mitgebracht hatte. Kaffee, Zigaretten, Schokolade und Bananen. Vielleicht auch noch andere Dinge, ich weiß es nicht mehr so genau. Er gab jedem von uns etwas in die Hand. Wie von selbst löste sich die Spannung. Zum ersten Mal im Leben sah ich eine Banane. Doch ich stellte mich wohl ungeschickt an und wusste nicht so recht damit etwas anzufangen. Casson zeigte mir, wie man diese Frucht schält. Ich biss hinein und die schmeckte wirklich gut. Mutter kochte uns gleich einen richtigen Bohnenkaffee von dem mitgebrachten Kaffee. Alle plauderten wild durcheinander. Doch ob wir uns bei diesem Sprachengewirr wirklich verstanden haben, ist unwahrscheinlich. Die Stimmung allerdings war toll und es wurde viel gelacht. Wahrscheinlich wegen der vielen Missverständnisse. Daran zu glauben, dass das mal unsere Feinde waren, war in diesem Moment kein Thema mehr.

Das größte Gelächter gab es jedoch, als meine Groß-mutter eine Zigarette rauchen sollte. Sie hatte noch nie in ihrem Leben geraucht. Sie nahm die Zigarette in den Mund und biss auf das eine Ende. Die Zigaretten waren ohne Filter. Filter gab es damals noch nicht. Mit einigen Mühen gelang es ihr, die Lucky Strike an dem ihr ge-reichten Feuer zum Qualmen zu bringen. Sie nahm den ersten Zug und musste fürchterlich husten, nahm dann aber die Zigarette, oder was von ihr übrig war, aus dem Mund. Es war erstaunlich, zu sehen, wie schnell dann die Zigarette kürzer wurde. Statt zu rauchen, knabberte sie den Glimmstengel kräftig von hinten her auf und war heftig am Spucken, weil sie plötzlich einen Großteil des Tabaks im Mund hatte. Wir amüsierten uns alle auf Kosten unserer Oma, die nun gute Miene zum bösen Spiel machte. Doch all das tat der Stimmung keinen Abbruch. Großmutter war immer gut drauf und feierte gern. Richtig in Schwung kam sie aber erst, als meine Schwester eine Schellackplatte auf das Grammofon legte. Obwohl die Spannfeder des Gerätes gebrochen war, sodass der Plattenteller nicht automatisch lief, entlockte sie dem Grammofon eine Melodie. Sie hatte das Gerät schon öfters in Gang gesetzt. Mit dem Finger drehte sie gleichmäßig den Plattenteller. Das konnte sie gut. Es kam eine nahezu perfekte Melodie aus dem Grammofon Alle sangen lauthals mit: „*Wenn der weiße Flieder wieder blüht.*" Der mitgebrachte Whisky tat sein Übriges.

Es war ein netter, stimmungsvoller Abend. Auch Casson versuchte mitzusingen und fühlte sich offensichtlich wohl in unserem Kreis. Es war schon spät. Er verabschiedete sich von allen mit Handschlag und versprach, uns wieder zu besuchen.

In den nächsten Tagen ging Casson wieder zu seiner weißen Freundin. Er ging an unseren Haus vorbei und ich wusste sein Verhalten nicht richtig einzuordnen. Würde er doch nicht sein Versprechen halten? Aber Tage darauf besuchte er uns noch einmal und es wurde wieder ein lustiger Abend. Doch danach haben wir ihn nie wieder gesehen. Auch seine Freundin wohnte nicht mehr bei unseren Nachbarn. Schade, er war so ein netter Kerl.

Meine frühe Jugendzeit

Der Krieg war nun schon fünf Jahre vorüber. Überall begann der Wiederaufbau. Optimistisch schaute die Bevölkerung in die Zukunft. Meine vier Volksschuljahre hatte ich inzwischen absolviert und meine Eltern planten für mich die weiterführende Schulausbildung. Wenn auch in Hessen kein Schulgeld mehr erhoben wurde, war es trotzdem eine Kostenfrage, Kinder auf eine höhere Schule zu schicken.

Ich hatte die Aufnahmeprüfung bestanden und somit war der Weg zum Realgymnasium frei. Gern hätte ich das Gymnasium besucht, um dort mein Abitur machen zu können. Doch das konnten sich meine Eltern finanziell nicht leisten. Dann wäre meine Schulzeit noch zwei Jahre länger gewesen. Vier Jahre zuvor hatte meine Schwester eine Lehre als Buchhalterin begonnen. Für sie konnten meine Eltern zu dieser Zeit noch nicht die Kosten für eine höhere Schule aufbringen.

Meine neue Schule lag direkt im Stadtzentrum. Glücklicherweise bekam ich durch Vaters Tätigkeit bei der Bundesbahn eine kostenlose Fahrkarte für den Zug. So konnte ich mit der Bahn bis in die Stadt fahren. Doch die Kosten für Schulbücher, Schreibutensilien und mehr musste man immer noch selbst bezahlen. Das war für meine Eltern schon eine Belastung.

Trotz des vorangegangenen Krieges hatten wir geburtenstarke Jahrgänge und somit eine hohe Schülerzahl. Man konnte also froh sein, dass man in der höheren Schule aufgenommen wurde. Im ersten Schuljahr waren wir vierundfünfzig Kinder in einer Klasse bei sechs Parallelklassen. Das war enorm viel. So etwas wäre heute nicht mehr vorstellbar. Für Knaben und Mädchen gab es außerdem bei den Gymnasien getrennte Schulen. Für die Kommunikation der Geschlechter in jungen Jahren war dies ein erheblicher Nachteil.

Unsere Lehrer waren sehr streng, auch Schläge waren keine Seltenheit. Wir hatten noch Respekt vor unseren Lehrern. Widerreden waren nicht erlaubt. Trotz allem hatten auch wir unseren Spaß und stellten allerhand Blödsinn an. Einige Lehrkräfte wiesen oft darauf hin, dass es ein Privileg sei, diese Schule besuchen zu dürfen. Unser Mathematiklehrer sagte zum Beispiel des Öfteren: „Wenn ihr keine Lust zum Lernen habt, bleibt zu Hause. Ihr nehmt nur den anderen Kindern die Plätze weg." Die Lehrer oder Pauker, wie wir sie nannten, waren damals hauptsächlich die Wissensvermittler, die uns den Lehrstoff mit gebührender Strenge nahebrachten. Frontalunterricht nennt man heute diese Lehrmethode, die damals mit Auswendiglernen von Gedichten, Merksätzen und Geschichtszahlen sowie mit vielen Aufsätzen einherging.

Unser Schultag bestand meistens aus sechs Unterrichtsstunden von etwa je fünfundvierzig Minuten. Zwei Mal gab es eine Viertelstunde Pause. Dann mussten wir den Klassenraum verlassen und uns auf den

Schulhof begeben. Auch hier führten die Lehrer als Aufsichtsperson ein strenges Regiment. Benahm man sich daneben und wurde erwischt, musste man sich beim Direktor melden. Bei mehrmaliger Verfehlung war ein Eintrag ins Klassenbuch und die Benachrichtigung der Eltern unumgänglich. So unterschiedlich die Eltern auch reagierten, Kritik an der Autorität und Vorgehensweise der Lehrkräfte wäre zu dieser Zeit undenkbar gewesen.

Im ersten Realschuljahr bekamen wir noch Schulspeisung, auch Quäkerspeisung genannt. Diese Spende war eine humanitäre Hilfe vor allem britischer und US-amerikanischer Quäker in der Zeit nach dem Zweiten Weltkrieg. Quäker sind Mitglieder einer religiösen Sekte, die ihren Ursprung in England hat. Aus Glaubensgründen verweigerten sie den Wehrdienst und konzentrierten sich auf Hilfeleistungen wie medizinische Versorgung und Spenden von Lebensmitteln und Kleidung. Hierbei machten sie keinen Unterschied zwischen Sieger und Besiegten. Nach Ende beider Weltkriege sorgten sie auch für das Überleben vieler Kinder in Deutschland. So kamen auch wir zu einer Schulspeisung.

Zur Schulspeisung musste ein Behälter mit in die Schule gebracht werden für eine warme Mahlzeit in Form von einem Suppeneintopf. Meist in der zweiten Pause wurde dann auf dem Schulhof die Schulspeise von Frauen, die den Quäkern nahestanden, ausgeteilt. Doch in der Regel war es kein Suppeneintopf sondern eine Milchsuppe mit Erdbeer- oder Vanillegeschmack, die sehr merkwürdig schmeckte. Selten gab es den wohlschmeckenden Hafer- oder Grießbrei. Obwohl die meisten Kinder wirklich hungrig waren, oft ohne Frühstück zur Schule kamen, suchten sich viele ein Versteck, um die merkwürdig schmeckende Milchbrühe wegzuschütten.

Wir hatten eine Sechs-Tage-Schulwoche. Auch samstags gab es meist sechs Unterrichtsstunden. Diese Regelung wurde noch lange beibehalten. Für jedes Unterrichtsfach gab es meist Schulaufgaben. In der Mehrzahl waren es Aufsätze über den unterrichteten Lehrstoff oder wir mussten bis zur nächsten Stunde Gedichte auswendig lernen. Meist mit dem Pausenklingeln sagte dann der Lehrer: *„Zur nächsten Stunde schreibt ihr über das heute Durchgenommene einen Aufsatz"*. Wir wurden reichlich gefordert, sicherlich nicht weniger als die heutigen Schüler.

*

Etwa um diese Zeit, fünf oder sechs Jahre nach Kriegsende, als wir mal wieder in den großen Sommerferien bei unseren Großeltern in Marburg waren, war auch die Frau meines Patenonkels bei ihren Schwiegereltern zu Besuch. Ich kannte meine Tante eigentlich nicht wirklich, denn bei ihrer Hochzeit 1942 war ich gerade mal drei Jahre alt. Bis zu diesem Zusammentreffen in Marburg hatte ich sie nie wieder gesehen. Auch sie verließ kurz vor Kriegsende zusammen mir ihren Eltern die Heimat Pommern und lebte dann, genau weiß ich es nicht, in Norddeutschland. Als sie 1942 meinen Patenonkel heiratete, war sie gerade Anfang zwanzig. Eine blutjunge Frau, die ihren Mann kaum kannte. Doch gleich darauf wurde er zur Front eingezogen und kam nie wieder zurück. Dass mein Onkel auf der Flucht erschlagen worden sei, hatte man ihr zwischenzeitlich übermittelt. Nun war sie vielleicht Witwe. Doch eine offizielle Todesbescheinigung über das Deutsche Rote Kreuz hatte sie bisher nicht erhalten. So galt ihr Mann weiterhin als vermisst.

Inzwischen war sie Ende zwanzig und lebte wie viele Frauen, deren Männer bisher nicht aus dem Krieg zurückgekommen waren, in großer Ungewissheit. Nun war sie zu Besuch bei ihren Schwiegereltern, die noch fest an die Rückkehr ihres Sohnes glaubten. Für sie eine recht prekäre Situation.

Es war herrliches Sommerwetter, meine Schwester und ich freuten uns über die täglichen Stadtbummel mit unserer Tante. Sie war sehr nett und wir hatten zusammen viel Spaß. Merkwürdig fanden wir es jedoch, dass sie auch jedes Mal den Weg zum Hauptpostamt suchte. Sie verschwand dann in dem Gebäude und wir mussten draußen warten. Was hatte sie täglich im Postamt zu tun? Doch ein paar Tage später vertraute sie sich meiner Schwester an und lüftete ihr Geheimnis. Sie hatte sich inzwischen neu verliebt. Ihre neue große Liebe wohnte in Buxtehude, rund 400 Kilometer von Marburg entfernt. Seine Liebesbriefe ließ sie sich postlagernd nach Marburg schicken. Auch sie schrieb heimlich ihrem Geliebten. Jeden Tag fragte sie im Postamt nach, ob ein Brief für sie angekommen sei. Mit einem mobilen Telefon, wie wir es heute kennen, wäre alles viel einfacher gewesen und sie hätte nicht jeden Tag zu Post gehen müssen.

Unsere Tante bat meine Schwester inständig, sie nicht zu verraten. Inzwischen war meine Schwester schon 15 Jahre alt und unsere Tante ging davon aus, bei ihr auf das nötige Verständnis zu stoßen. Ihre Schwiegereltern hätten es sicherlich nicht verstanden, wenn sie nicht mehr um ihren Sohn trauern und sich einer neuen Bekanntschaft zuwenden würde. Ein schweres Schicksal für diese junge Frau, die ihren Mann nur kurze Zeit kannte, die noch nicht offiziell Witwe war, aber doch frei leben wollte. Ein Schicksal, das viele junge Frauen in dieser Nachkriegszeit mit ihr teilen mussten.

Einige Zeit später klärte sich die Situation und das Rote Kreuz bescheinigte den Tod ihres Mannes. Vielleicht ist sie danach in Buxtehude glücklich geworden. Ich weiß es nicht, denn den Kontakt zu unserer Familie brach sie recht bald ab.

*

Auch in den nächsten Jahren fuhren wir fast jeden Sommer in den Ferien zu unseren Großeltern nach Marburg. Auch unser Onkel mit Familie wohnte dort. Er war der zweite Sohn unserer Großeltern. Dort gestaltete sich die Familienzusammenkunft meist zu schönen Erlebnissen, denn mein Onkel hatte auch zwei Söhne etwa in unserem Alter.

Unser Onkel war gelernter Bankkaufmann und lebte während des Krieges mit seiner Frau in der Stadt Posen, die heute polnisch ist. Ob er während Ende des Krieges auch an der Front kämpfen musste und ob er in Gefangenschaft geriet, das weiß ich nicht. Jedenfalls hatte er sich in Marburg in der Nähe seiner Eltern niedergelassen. Nach dem Krieg war mein Onkel, wie so viele Männer, arbeitslos. Doch als Kaufmann war er sehr einfallsreich. Er kaufte die verschiedensten Dinge und verkaufte sie wieder mit Gewinn. Und unsere Tante, die sehr geschickt im Handarbeiten war, nähte für Hausfrauen Schürzen, die unser Onkel dann gewinnbringend an den Mann beziehungsweise an die Frau brachte.

Nach der Währungsreform fand er eine Arbeit als Vertreter bei einer Kreidefabrik, die Industriekreide für die Herstellung diverser Produkte wie Tapeten oder Elektrokabel produzierte. Da konnte er sich auch ein kleines Motorrad leisten, um seine Kunden in ganz Hessen zu besuchen. Auf diesen Touren kam er auch öfters bei uns in Kassel vorbei, um bei uns übernachten zu können. Seine Besuche waren immer unangemeldet, da wir kein Telefon besaßen. Das überraschende Auftauchen meines Onkels war für meine Mutter stets eine Herausforderung, denn sie musste unvorbereitet ein Nachtlager für ihn herrichten. Das war bei unseren engen Wohnverhältnissen nicht ganz einfach. Meine Schwester, die inzwischen schon eine junge Dame war, musste ihr Bett hergeben und bei unseren Eltern schlafen. Verpflegen musste sie ihn natürlich auch, was bei ihrem schmalen Haushaltsbudget nicht immer ganz einfach war. Aber er war ja schließlich der Bruder meines Vaters.

Als ich schon etwas älter und mein Marburger Großvater inzwischen Pensionär war, durfte ich auch allein nach Marburg reisen und dort meine Sommerferien verbringen. Meine Großeltern wohnten fortan nicht mehr in ihrer Gefängniswohnung, sondern hatten sich eine kleinere Eigentumswohnung im Erlenring zugelegt. Das war sehr zentral. Man brauchte nur über die Lahnbrücke zu gehen und schon war man am Fuße der Altstadt. Da hielt ich mich am Tage meistens auf. Marburgs Altstadt, weil sie auf einem Berg zu Füßen des Landgrafenschlosses liegt, auch Hochstadt genannt, war vom Zweiten Weltkrieg kaum betroffen. Die zahlreichen historischen Bürgerhäuser waren gut erhalten. Als zentraler Mittelpunkt gilt der historische Marktplatz. Der hatte es mir besonders angetan. Von hier aus konnte ich durch die vielen Gassen schweifen, wo sich zahlreiche kleine Geschäfte und Kneipen befanden. Hier war immer etwas los. Am interessantesten aber war es in der Wettergasse. Hier befanden sich einige Gaststätten, die man als Studentenkneipen bezeichnete. Mit meinen Großeltern war ich einmal in einer solchen Gaststätte. Sie hatten mich zum Essen eingeladen. In dieser Studentenkneipe ging es laut und lustig zu. Die Atmosphäre, welche die jungen Leute verbreiteten, weckte in mir den Wunsch, auch einmal Student zu werden. Doch dieser Traum scheiterte an den finanziellen Mitteln meiner Eltern.

Sich den ganzen Tag in der Altstadt aufzuhalten war dann doch zu viel. Und abends musste ich früh zurück sein. Dann verbrachten wir nach dem Abendessen immer gemütliche Stunden zusammen. Oft spielten wir Karten. Großmutter war eine begeisterte Patiencespielerin. Sie brachte mir dieses Kartenspiel bei. Manchen Abend, wenn Großvater mit seiner Arbeitskollegin unterwegs war, spielten wir zwei stundenlang Patience.

*

Aus den Ferien zurück, bestimmte der Schulalltag nun wieder mein Leben. Nach Schulschluss marschierte ich zum Hauptbahnhof, um von dort mit dem Zug nach Hause zu fahren. Auf dem Weg dorthin konnte ich mir im Sommer manchmal ein Eis leisten, denn kurz vor dem Bahnhof gab es eine italienische Eisdiele. Zehn Pfennig brauchte man für eine Kugel Eis, das war ab und zu erschwinglich und das Eis schmeckte köstlich.

Zugverbindungen in meine Richtung gab es nicht so oft am Tage, sodass ich bis zur Abfahrt sehr häufig über eine Stunde warten musste. Ich nutzte dann die Wartezeit und setzte mich in den Wartesaal 3. Klasse. Hier begann ich schon mit den Schulaufgaben. Der Wartesaal 3. Klasse war ohne Restauration und für jedermann gedacht. Da konnte ich in Ruhe und ungestört meine Aufgaben erledigen. So hatte ich zu Hause mehr Freizeit. In der 1. und 2. Klasse konnte man speisen und wurde von einem Kellner bedient. Da durfte ich meine Aufgaben natürlich nicht machen.

Nicht immer hatte ich Lust, vor der Heimfahrt mich im Wartesaal mit den Schularbeiten zu beschäftigen. Dann bummelte ich lieber in der Stadt herum. Hier im Zentrum gab es allerlei zu erleben. Mal war auf dem Friedrichsplatz Rummel. Da versuchte ich mit ein paar Groschen mein Glück an der Losbude, an der man für 10 Pfennig mitspielen konnte. Auf einer großen runden Glasscheibe waren vierundzwanzig Felder mit Frauennamen. Darauf legte man seinen Einsatz. Wenn alle Felder mit jeweils einer Münze belegt waren, rollierte ein Generator, beleuchtete immer ein anderes Feld in einer gewissen Geschwindigkeit und blieb dann auf einem

Foto: Carl Eberth, Kassel

Blick vom Louis-Spohr-Denkmal
auf den Friedrichsplatz, wo gerade Jahrmarkt stattfand

Feld stehen und ermittelte so den Gewinner dieser Runde. Es gab Kleinigkeiten zu gewinnen, eine kleine Flasche Wein, eine Tafel Schokolade und viele andere Dinge. Ich beobachtete das Spiel und stellte fest, dass immer in einer gewissen Abfolge meist der gleiche Name auftauchte. So gewann ich öfters einen kleinen Preis.

Auch die Verkaufsstände in der Königsstraße waren eine willkommene Abwechslung, um mir die Zeit bis zur Abfahrt meines Zuges zu vertreiben. Oft gab es Stände, an denen Neuheiten angepriesen wurden. Mich faszinierte immer die Redegewandtheit der Verkäufer, mit der sie ihre Ware den Zuschauern zu verkaufen versuchten. Da musste ich schon aufpassen, dass ich nicht vor lauter Begeisterung meinen Zug verpasste. Einmal führte an einem Stand der Verkäufer eine Art Bleistift in vielen Farben mit Tinte vor. Der Stift musste nicht einmal verschlossen werden, denn die Tinte trocknete nicht ein. Das war die Geburtsstunde des Kugelschreibers.

Jeden Samstag war auf dem Königsplatz Wochenmarkt mit vielen gewerblichen Marktständen. Aber auch Landfrauen boten hier ihre frisch geernteten Waren an. Sie saßen da mit ihren Körben und Kisten, in denen sie ihr Obst und Gemüse verstaut hatten. Etliche von ihnen hatten sogar eine Waage mit vielen unterschiedlichen Gewichtssteinen zum genauen Abwiegen ihrer Waren. Ihre verkaufte Ware packten sie dann in Zeitungspapier. Packpapier oder Ähnliches konnten sie sich wohl nicht leisten. Vor und auch während des Krieges brachte auch meine Großmutter hier oft ihr Obst und Gemüse auf den Markt. Ich interessierte mich aber mehr für lebendes Geflügel. Ein Stand bot oft männliche Küken für eine Mark das Stück an. Hatte ich genug Geld zusammen, kaufte ich mir ein Küken. Das packte der Verkäufer mir in eine Papiertüte mit dem Aufdruck *Esst mehr Obst und Ihr bleibt gesund.* Mit äußerster Vorsicht brachte ich das kleine Lebewesen in dieser labilen Tüte nach Hause. Auf der Rasenfläche in unserem Garten, meine Großeltern nannten sie Bleiche, weil sie hier im Sommer ihre Wäsche zum Trocknen und Bleichen auf den Rasen legten, baute ich aus Maschendraht ein kleines Gehege für die Küken. Da die Küken keine Glucke hatten, die sie beschützte, musste ich sie beaufsichtigen, damit sie nicht Opfer von Raubvögeln wurden. Schon nach kurzer Zeit konnte ich fünf Küken mein Eigen nennen. Nach einiger Zeit stellte sich heraus, ob es wirklich männliche Küken oder doch kleine Hühner waren. Ich hatte viel Glück, denn zwei der fünf Küken waren doch Hühner. Ich zog die Küken groß und brachte sie dann zu Omas Hühnern in den großen Stall. Gespannt wartete ich darauf, dass sie legereif wurden und ich die ersten Eier meiner eigenen Hühner im Nest einsammeln konnte. Die Hähnchen zogen wir natürlich auch groß. Die wurden dann alsbald geschlachtet. Mehrere Hähne in einem Hühnerstall war nicht ratsam, denn sie lieferten sich stets einen erbitterten Kampf um ihre Damen.

*

Nicht nur, dass ich mich um meinen Hühnerhaufen kümmern musste, die Zeit zum Spielen war inzwischen schon ein wenig eingeschränkt. Die Schulaufgaben, die wir in der Realschule aufbekamen, waren doch weit aus mehr als in der Volksschule und hatten natürlich Vorrang. Trotzdem gestalteten wir Kinder unsere Freizeit so spannend wie möglich. Gleich neben der Kaserne, in der wir im Krieg vor den Bomben Schutz gesucht hatten, war ein noch nicht fertiggestelltes Teilstück einer geplanten Autobahn. Es sollte eine Trasse als Verbindung vom Osten Deutschlands mit dem Ruhrgebiet werden. Heute ist das Gebiet als Teilstück der A 49 fertiggestellt. Später sagte man, dass Hitler damals Autobahnen baute, um so die Truppenbewegungen des Militärs zu beschleunigen.

Der mit Sand aufgeschüttete Damm der geplanten Fahrbahn war ein idealer Spielplatz für uns Kinder. Hier verbrachten wir viel Zeit. In den Erdwall gruben wir Jungen einige tiefe Löcher, deckten diese mit Holzlatten, Planen und Sträuchern ab. Darüber schütteten wir dann etwas Sand, sodass die Grube fast nicht zu entdecken war. So wurde eine richtige Höhle daraus und es entstand auf diesem *Sandberg*, wie wir ihn nannten, ein kleines Höhlendorf.

Einer unserer Spielkameraden besaß von seinem Vater, der in einem Verein Fußball gespielt hatte, einen ausrangierten Lederball. Waren wir genügend Kinder, spielten wir auf dem Damm Fußball. Leider war der Ball schon recht alt, verlor immer wieder Luft und wir mussten ihn oft aufpumpen. Das machte aber nichts, denn wir waren froh, überhaupt einen Ball zu haben. Ein richtiges Tor gab es natürlich auch nicht, deshalb nahmen wir meist ein Kleidungsstück oder einen Stock rechts und links als Torpfosten. Nicht immer waren ausreichend Mitspieler da. Deshalb gestalteten sich unsere Spielregeln auch recht simpel. Wir spielten auf ein Tor. Bei drei Ecken gab es Elfmeter. Diese Spielweise machte auch Spaß und bescherte uns viele Tore.

Unser Kaufmann hatte eines Tages einen Sonderposten Spielsachen im Angebot. Darunter kleine gusseiserne Rennwagen, so etwa sieben Zentimeter groß. Davon besorgten wir Spielkameraden uns welche. Ich hatte davon zwei Stück. Sie sahen beide gleich aus und hatten die Rennnummer fünf. Für diese Autos bauten wir uns auf dem Sandberg eine abschüssige Rennpiste mit einer Start- und Ziellinie. Wir stellten unsere Flitzer nebeneinander oben an den Start. Gleichzeitig rasten sie den Parcour hinunter. Jeder wollte natürlich das schnellste Auto haben. Deshalb wurde auch manipuliert, indem wir mit Knetgummi Gewichte im Hohlraum unter das Chassis klebten, um die Autos schwerer und damit schneller zu machen. Daraus entbrannte ein richtiger Wettbewerb.

Waren wir nicht auf dem Sandberg, spielten wir bei uns auf der Straße. Sehr beliebt war das Spiel mit bunten Glasmurmeln, bei dem man durch geschicktes Spiel versuchte, vom Gegenspieler so viele Kugeln wie möglich zu erbeuten.

Neidisch waren wir schon auf das Mädchen aus der Nachbarschaft, das einen Wipproller besaß. Elegant stand es auf dem Roller, wippte mit dem Pedalbrett hin und her und fuhr so schnell die Straße entlang. Sie war aber sehr eigen und ließ keinen der Kinder damit einmal fahren. Lange wohnte das Mädchen aber nicht in unserer Nachbarschaft. Albern dagegen fand ich das Reiten auf einem Steckenpferd. Obwohl einige damit herumhüpften, war das Spielzeug eher für Kleinkinder passend. Da war das Laufen mit Stelzen, die wir uns selbst gebaut hatten, schon lustiger. Eine andere Beschäftigung war das Spiel mit einer ausgedienten Fahrradfelge. Diese brachten wir Jungen zum Rollen, indem wir immer wieder mit einem Stock gegen die Felge schlugen und sie so beschleunigten. Da musste man schon ganz schön schnell hinterherrennen.

All diese Spiele konnten wir gefahrlos auf unserer Straße erleben, denn hier gab es nahezu keinen Autoverkehr. Die Straße bestand aus hartgewalztem Schotter. Am Straßenrand wuchsen noch Gras und Unkraut. Auch Brennnesseln, die schon mal statt Spinat als Mahlzeit genommen wurden. Mein Großvater versprach meiner Schwester genau an diesem Straßenrand, ein Puppenhaus aus Stein zu bauen. Das hätte er schon machen können, denn er war Polier und handwerklich sehr geschickt. Ganz liebevoll vertröstete er sie immer wieder. Meine Schwester wartet heute noch auf ihr Häuschen, das Opa am Straßenrand aber gar nicht hätte bauen dürfen.

So erlebten wir Kinder noch eine Zeit ohne elektronische Technik. Auch wenn unsere Spiele und die Spielutensilien recht simpel waren, so waren wir stets an der

frischen Luft, bewegten uns viel und hatten Spielkameraden, mit denen man eine Menge unternehmen konnte.

*

Hatten wir Sommerferien, wollten wir natürlich auf
Spaß und Spiel nicht verzichten. Da keiner von uns ein
Telefon besaß, verabredeten wir uns am letzten Schultag vor den Sommerferien mit unseren Klassenkameraden. Die meisten Termine waren die Verabredungen
zum Baden im Fulda-Schwimmbad. Gutes Badewetter
konnte man voraussetzen und das hatten wir auch
meistens.

So war es auch im Winter. Von Dezember bis Februar gab es beständiges Winterwetter. Dies nutzten wir
zum Ski- und Schlittschuhlaufen. Aus Wehrmachtsbe-
ständen hatte mein Onkel unter anderem Skier und
Schlittschuhe organisiert. Diese durfte ich im Winter
benutzen und das tat ich oft. Die Winter waren damals
in der Regel viel kälter als heute. Deshalb waren auch
die Teiche im Park Schönfeld lange zugefroren und ideal für unsere Eishockey-Spiele. Dort traf ich mich mit
meinen Freunden. Eine richtige Eishockey-Ausrüstung
hatten wir nicht. Mit dem Spazierstock vom Großvater und einer leeren Milchdose bewaffnet, wollten wir
Sport und Spaß erleben. Der Spazierstock diente mir
als Hockeyschläger. Gut, dass es nur der ausrangierte
Stock meines Großvaters war, denn hinterher war er
zu seinem ursprünglichen Verwendungszweck nicht

mehr zu gebrauchen. Die Milchdose musste als Puck herhalten. Das größere Problem waren jedoch die Schlittschuhe, die man an die schweren Winterschuhe montieren musste. Hinten wurden sie zur Befestigung in den Absatz der Schuhe geschraubt. Kleine Krallen bohrten sich in die Absätze. Vorne pressten sich die Halterungen direkt an die Sohle an. Einen perfekten Halt hatte man trotzdem nicht. Aber so waren die meisten Schlitztschuhe damals. Vorn rutschte man schon mal aus der Halterung und hinten riss oft der Absatz ab. Zum Leidwesen meines Vaters, der dann die Schuhe reparieren musste. Inzwischen gab es auch schon Schlittschuhe, die direkt mit den Schuhen verbunden waren. Die saßen perfekt am Fuß. Doch dafür hatten wir kein Geld. Das schmälerte aber nicht unseren Spaß am Eishockeyspiel.

Nicht so dramatisch war es mit den Skiern. Obwohl es nur einfache Langlaufbretter des Militärs waren, konnte ich recht gut damit fahren. Hinter unserem Sandberg auf der Wartekuppe befand sich eine abschüssige Wiese. Dort trafen wir uns, wenn genügend Schnee lag. Es gab eine recht lange Abfahrtsstrecke, in die wir auch eine kleine Sprungschanze aus Schnee eingebaut hatten. Darüber zu fahren machte riesig Spaß. Obwohl wir nur ein wenig flogen, fühlten wir uns wie die Profispringer. Wenngleich die wenigsten Kinder Skier hatten, war diese Piste auch für Schlitten zum Hinunterfahren ideal. Ein Vergnügen für alle.

*

Drei Jahre ging ich schon in der Stadt zur Schule, als ich von meinem Onkel ein Fahrrad erbte. Im Sommer fuhr ich dann hin und wieder mit dem Rad zur Schule. Mein Klassenkamerad, mit dem ich auch eine Schulbank teilte, wohnte in meiner Nähe. Ihn holte ich dann morgens ab und wir fuhren gemeinsam zur Schule. Der Weg direkt an der Fulda entlang war nicht so verkehrsreich, sondern recht beschaulich.

Mit dem Abstellen der Fahrräder auf dem Schulhof gab es anfangs oft Probleme, weil inzwischen viele Kinder mit dem Rad zur Schule kamen und wenig Platz für das Abstellen der Fahrräder vorhanden war. Deshalb fuhren wir morgens schon mal mit der Bahn zur Schule und legten den Schulweg dann zu Fuß zurück. Für mich waren das sieben Kilometer. So brauchte ich nicht die umständliche Zugfahrt auf mich zu nehmen. Erst später, als die Schule einen Extra-Fahrradstellplatz mit Fahrradständern installierte, nutzte ich wieder häufiger das Rad.

Nicht selten machte ich mit meinem Schulkameraden zusammen Schularbeiten. Trotzdem waren wir irgendwie Rivalen, denn von Ehrgeiz getrieben wollte jeder von uns die besseren Noten schreiben. Noten gab es damals für jedes Unterrichtsfach und somit auch viel zu lernen, denn keiner wollte im Zeugnis auch nur eine schlechte Note haben. Überbieten mit guten Schulnoten war ein wichtiges Kriterium für uns Klassenkameraden. Neben den Schulaufgaben gab es für uns aber noch andere Interessen: unsere Kleidung. Zu dieser Zeit war ein Kleidungsstück der absolute Renner: die Lederhose. Jeder wollte eine haben. Dazu passende Hosenträger. Eine recht teure Anschaffung für die Eltern, die sich aber auszahlte. Die Hose wurde deshalb sehr groß gekauft, damit sie einige Jahre getragen werden konnte. Sie gab es in verschiedenen Ausführungen. Die Marke oder der Hersteller waren egal, denn Designer-Kleidung für Kinder kannte noch keiner. Wichtig war jedoch die Seitentasche für ein Fahrtenmesser, denn ein Messer mit Horngriff war ein absolutes Muss. Obwohl viele Kinder solch ein Messer besaßen, hörte ich von keiner Messerstecherei. Wenn ich stolz mit meiner Lederhose vom Bahnhof über den Feldweg nach Hause marschierte und meine dünnen Beine aus der Hose hervorstachen, sagte mein Vater meist: *Da kommt der Storch im Salat.* Das machte nichts, denn ich fühlte mich wohl in diesem Kleidungsstück. Und je speckiger das Aussehen war, umso wertvoller war die Hose.

*

Unser Klassenlehrer war ein leidenschaftlicher Sportler. 1936 war er sogar bei den olympischen Spielen in Berlin Gewinner einer Goldmedaille im Rudern. Sport war aber nicht ganz so mein Ding. Das war zwar ein Nachteil, den ich aber hinnehmen musste, denn alle sportlichen Schüler waren des Lehrers Lieblingsschüler. Trotzdem war er ein fairer Lehrer, bei dem man viel lernen konnte und der viel mit uns unternommen hat. Zu einer tollen Klassenfahrt mit dem Fahrrad waren wir jedes Jahr mit ihm unterwegs. Ins Weserbergland, nach

Hamburg oder nach Nürnberg. Die erste Klassenfahrt aber unternahmen wir mit ihm an den Edersee. Er war nicht nur ein guter Lehrer, sondern auch ein fabelhafter Stratege. Schon lange vor unserer Fahrt hat er alles geplant und mit uns besprochen.

Unsere Tour an den Edersee ging über zwei Tage. Morgens in aller Frühe trafen wir uns auf dem Schulhof. Hier bildeten sechs oder sieben Schüler jeweils eine Fahrrad-Gruppe. Mit meinem Freund zusammen hatte ich Wimpel mit allen Gruppennummern der einzelnen Schülergruppen gebastelt. Die Wimpel wurden am Fahrrad befestigt. So war eine Zugehörigkeit besser zu erkennen. Die ganze Strecke hatte unser Lehrer für Hin- und Rückfahrt in diverse Etappen aufgeteilt. Er fuhr mit der ersten Gruppe an der Spitze. Die anderen Gruppen folgten in kleinen Abständen, damit der Straßenverkehr nicht behindert wurde. Hatte jemand eine Reifenpanne oder Probleme mit der Fahrradkette, blieb nur diese Gruppe zurück und versuchte, den Schaden zu beheben. Alle anderen fuhren weiter bis zum nächsten Etappenziel und warteten dort auf die Nachzügler. Das klappte hervorragend. Zwischendurch, wenn alle Gruppen am Etappenziel zusammenkamen, legten wir eine Pause, manchmal auch eine Vesperpause ein und die nachgereiste Gruppe berichtete von ihrem Missgeschick.

Am Nachmittag des ersten Tages erreichten wir die Staumauer des Edersees, die im Krieg zerstört worden war. Anhand der Mauerfugen war noch zu erkennen, wo die Bombe damals das große Loch in die Mauer gerissen und unsäglichen Schaden angerichtet hatte. Von hier aus radelten wir weiter immer der Uferstraße entlang. Das machte riesig Spaß, da die Straße sehr kurvenreich und nur wenig befahren war. Gegen Abend endete unsere Tour in Vöhl, eine Großgemeinde in Waldeck-Ederbergland.

Bei unseren Klassenfahrten übernachteten wir immer in Jugendherbergen. Einmal sogar auf Feldbetten in einer Turnhalle. In Vöhl jedoch hatte unser Klassenlehrer auf einem Bauernhof für uns ein Quartier besorgt. Er kannte diesen Bauern gut und wir durften unser Nachtlager in seiner großen Scheune aufschlagen. Für uns Knaben eine Riesengaudi. Zuvor richtete der Bauer mit seiner Familie ein Abendessen, das unser Lehrer mit dem Geld, das er für unseren Klassenausflug von der Schule bekam, bezahlte. Draußen war es bereits dunkel und nach der anstrengenden Fahrt sollten wir uns schlafen legen. Jeder suchte sich ein Plätzchen im Stroh oder Heu für die Nachtruhe, die aber keine werden sollte. Wir fanden dieses Quartier so abenteuerlich, dass an Ruhe und Schlaf kaum zu denken war.

Am nächsten Morgen, nach einem einfachen Frühstück in der Scheune, ging unsere Tour weiter zum Schloss Waldeck, eine Burganlage aus dem 11. Jahrhundert, 120 Meter über dem Edersee, eine Festung, die einst den Grafen von Waldeck als Stammsitz diente. Beeindruckend waren für uns die riesigen gusseisernen Kanonen auf dem Schlosshof, die wir für ein Gruppenfoto nutzten. Nach der Besichtigung der Schlossanlagen verließen wir wieder Schloss Waldeck. Es war nun

Unsere Klasse auf Schloss Waldeck,
für ein Gruppenfoto um die gusseisernen Kanonen versammelt

an der Zeit, unseren Heimweg anzutreten. Am späten Abend kamen wir ein wenig erschöpft in Kassel an. Am nächsten Schultag diskutierten wir mit unserem Lehrer über das Erlebte. Dabei hatten wir viel Spaß, denn es gab einige lustige Episoden zum Besten zu geben. Unser Lehrer versäumte es nicht, uns darüber einen Aufsatz schreiben zu lassen.

*

Zur Fußballsaison verabredete ich mich an den Wochenenden mit zwei Klassenkameraden. Wir schauten uns dann die Spiele des KSV Hessen Kassel an, der damals in der höchsten Spielklasse, der Oberliga West, spielte. Mit 50 Pfennig Taschengeld, das ich mir bei meinen Großeltern mit Garten- oder Hausarbeit verdiente, machten wir uns rechtzeitig auf den Weg zum Stadion. Kurz vor dem Stadion kamen wir an einem Kiosk vorbei. Hier kauften wir uns für zwanzig Pfennig eine Limonade. Die gab es in verschiedenen Geschmacksrichtungen und in unterschiedlichen Farben. Interessanter daran war aber die Flasche selbst, die als Verschluss im Flaschenhals eine Kugel hatte. Drückte man die Kugel nach unten, war die Flasche geöffnet. Es erforderte allerdings beim Trinken aus der Flasche eine gewisse Geschicklichkeit, damit die Kugel nicht wieder den Flaschenhals verschloss. Wir hatten jedenfalls viel Spaß mit diesem Getränk, das wir uns vor jedem Spiel genehmigten.

Gestärkt erreichten wir nach einigen Hundert Metern das Stadion. Zwanzig Pfennig bezahlten wir für die Schülerkarte und konnten direkt am Spielfeldrand stehen. Nur ein hüfthohes Geländer trennte die Zuschauer vom Spielfeld. Die Seitenlinie des Spielfeldes war keine zwei Meter entfernt. Hohe Sperrzäune hatte man damals noch nicht und Pyrotechnik war ebenfalls im Stadion kein Thema. Sicherlich riefen wir oft, wenn die Entscheidung des Schiedsrichters uns nicht gefiel: „Schiri raus" oder „Schiedsrichter ans Telefon". Aber es blieb im Wesentlichen ruhig und man hatte nahezu einen hautnahen Kontakt mit den Spielern, die wir frenetisch anfeuerten. Nicht weniger begeistert als heute waren die Fans trotzdem, doch an hässlichen Ausschreitungen und Schlägereien von Ultra-Fans kann ich mich ebenso wenig erinnern wie an einen Großeinsatz der Polizei.

Nach dem Spiel gingen wir hin und wieder zu einem meiner beiden Klassenkameraden, um dort Skat zu spielen. Den vom Taschengeld übrig gebliebenen Groschen tauschten wir in 10 einzelne Pfennige. Das war der Einsatz für jeden von uns für unser Skatspiel nach dem Fußball. Diese Skatrunden spielten wir drei dann recht verbissen einige Stunden lang.

Oder wir verbrachten die Zeit nach dem Fußballspiel in einer Gaststätte beim Tischfußball. Der Wirt war der Nachbar meines Klassenkameraden und sehr nett zu uns. Hier durften wir, da es noch Tag war, in seinem Schankraum oft mehrere Stunden den Fußball-Automaten benutzen. Obwohl das Spiel einiges an Lärm verursachte, hatte er nichts dagegen. Da wir aber nicht ständig Geld in den Automaten stecken konnten, tricksten wir den Wirt aus, indem wir die Tore mit Bierdeckeln zulegten. So konnten wir den einen Ball immer wieder aus dem Tor nehmen und lange damit spielen. Ich gehe aber heute davon aus, dass der Wirt unsere Manipulation schon bemerkt hat.

*

Die Leidenschaft für den Rudersport war unserem Klassenlehrer auch nach dem Krieg geblieben. Er setzte sich dafür ein, dass in unserer Schule eine Rudersportgruppe gegründet wurde. Da er die besten Voraussetzungen für diesen Plan mitbrachte, wurde das Vorhaben auch recht bald in die Tat umgesetzt. Sein Ziel aber war nicht nur ein schuleigener Ruderclub, sondern auch, ein Schul-Klubhaus an der Fulda zu gründen. Dafür kämpfte er mit viel Geduld und es dauerte einige Jahre, bis eine Genehmigung vorlag und auch ein Grundstück gefunden war.

In den letzten beiden Schuljahren unseres Jahrgangs war es so weit. Die Planung war abgeschlossen und unsere Schule durfte ein Klubhaus direkt an der Fulda bauen. Unsere Klasse war mit Eifer dabei, dieses Vorhaben in die Tat umzusetzen, schon unserem Lehrer zuliebe. Wir konnten uns natürlich jetzt schon ausrechnen, dass unsere Klasse kaum noch während unserer Schulzeit in den Genuss dieser Schul-Sportstätte kommen konnte.

Auf Trümmergrundstücken noch verwertbare Klinker und Backsteine für Neubauten zu nutzen war zu dieser Zeit eine gängige Praxis. So sagte man oft, dass Deutschland nach dem Krieg im wahrsten Sinne des Wortes aus der Asche wieder aufgebaut wurde.

Unser Lehrer bekam die Genehmigung, dass wir Schüler auf mehreren Grundstücken kaputter Häuser aus den Kriegsjahren in Wilhelmshöhe Steine und Klinker sammeln durften. Tagelang verbrachten wir nach Schulschluss auf den Grundstücken, um noch ganze Klinker und Backsteine in den Trümmern zu suchen. Meist waren die Steine noch mit Mörtelresten versehen. Diese klopften wir mit Hammer und Meißel sorgfältig ab und stapelten sie auf einen Haufen. Der Vater eines Klassenkameraden hatte ein Baugeschäft und unterstützte uns tatkräftig. Er kam mit seinem LKW, auf den wir die Steine luden, und brachte sie zum Grundstück an der Fulda. Auch die Planung des Klubhauses übernahm er und führte auch die meisten anstehenden Arbeiten aus. Einige Väter, die ebenfalls im Baugewerbe tätig waren oder handwerklich begabt, packten ebenfalls kräftig mit an und leisteten so einen gehörigen Anteil zur Selbstfinanzierung. Meistens wurde an Wochenenden gearbeitet. Ob die Hilfe der Väter Auswirkungen auf die Noten ihrer Söhne hatte, ist mir verborgen geblieben. Eltern der Schüler anderer Klassen unserer Schule wurden so in die Finanzierung mit einbezogen. Es gab wohl Zuschüsse von der

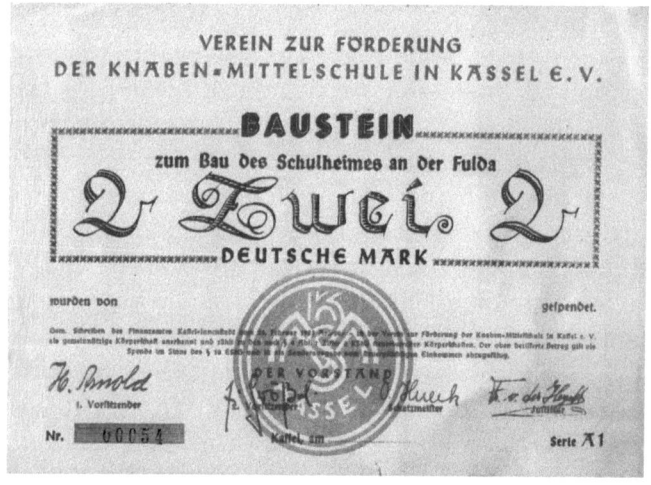

Der kleine Baustein für 2 D-Mark,
der am meisten verkauft wurde

Stadt, doch der überwiegende Teil der Finanzierung musste mit Spenden und freiwilliger Arbeit geleistet werden. Um eine weitere Eigenleistung ging es beim Verkauf von Baustein-Zertifikaten, die als Spenden in die Finanzierung einflossen. Die Zertifikate gab es für zwei, für zehn und für fünfzig DM das Stück. Wir verkauften sie an Eltern und Bekannte. Auch dadurch kam ein beträchtlicher Betrag zusammen und mit der schrittweise gesicherten Finanzierung konnte der Bau des Klubhauses weitergeführt werden. Er zog sich allerdings durch die freiwillige Hilfe über einen längeren Zeitraum hin. Doch dann war Richtfest und bald auch die Einweihung. Das war der Zeitpunkt, an dem unsere Klasse die Schule verließ. Das war schade. Wir konnten das Klubhaus und den damit verbundenen Rudersport selbst nicht mehr genießen, waren aber stolz auf das Erschaffene und auf unseren Klassenlehrer. Zu diesem Zeitpunkt aber hatten wir Schulabgänger andere Pläne und konzentrierten uns auf den neuen Lebensabschnitt, den beruflichen Werdegang. Zeit, um jetzt auch mit den Erinnerungen an meine Erlebnisse in der Kriegs- und Nachkriegszeit abzuschließen.

Epilog

Wenn auch inzwischen mehrere Jahrzehnte vergangen sind, bin ich trotzdem froh, meine Erlebnisse aus dieser Zeit nun doch einmal niedergeschrieben zu haben. Hätte ich damit aber früher begonnen, als es noch mehr Zeitzeugen gab, wäre vieles einfacher gewesen und manches hätte ich authentischer wiedergeben können. Gut, dass sich meine Eltern und Großeltern anfänglich oft über diese beschwerliche Zeit unterhielten. So konnte ich viele Begebenheiten wieder in mir wachrufen und mir merken, die ich als kleines Kind sicherlich so nicht verarbeitet oder verstanden habe. Vieles wurde auch einfach verdrängt.

Dankbar bin ich, dass ich wenigstens auf die Erinnerungen meiner Schwester zurückgreifen konnte, mit der ich die ersten Jahre meiner Kindheit in enger Verbundenheit erleben durfte. Auch haben mir die Informationen der Plattform Wikipedia und der Tageszeitung *Hessische Allgemeine (HNA)* geholfen, Zeitabläufe und Geschehnisse zu konkretisieren.

Dass heute, 2024, darauf hingewiesen wird, die schrecklichen Taten des Nationalsozialismus nicht zu vergessen, ist nachvollziehbar und korrekt. Doch wir Kriegs- und Nachkriegskinder haben diese Taten selbst nicht verübt, ihre Folgen jedoch enorm zu spüren bekommen. Einen kleinen Eindruck davon sollen meine niedergeschriebenen Erlebnisse und Erinnerungen aus jener Zeit dokumentieren und zeigen, wie all die Menschen, die den Krieg überlebt haben, unter den Folgen zu leiden hatten.

Nicht verstehen kann ich, dass gewisse politische und ideologische Strömungen nach fast 80 Jahren mit ständigen Anschuldigungen an unseren Staat versuchen, uns den Stolz auf unser Vaterland zu nehmen. Stattdessen wäre es an der Zeit, einmal offen darzulegen, was Deutschland daraus gelernt hat und welch ein soziales und menschliches Engagement in der Nachkriegszeit dieses Land international bewiesen hat und auch heute noch ständig praktiziert. Deshalb ist es an der Zeit, die schreckliche Ära des NS-Regimes nach fast 80 Jahren endlich Geschichte sein zu lassen.

Im Hinblick auf die uns *heute aufoktroyierte politische Gesinnung* ist es mir eine Herzensangelegenheit, an die Generationen zu erinnern, die Generation meiner Eltern und meiner Großeltern, die vom NS-Regime manipuliert wurden und in dieser Zeit leben mussten. Die aber mit Mut und Verzweiflung die schwere Zeit überstanden. Wir, als deren Kinder, Enkel und Urenkel können es heute immer noch nicht ermessen, wie sie für unsere Zukunft und den Wiederaufbau unseres Landes und ein gerechtes Miteinander unermüdlich gekämpft haben. *Sie waren unglaublich stark*. Dafür möchte ich an dieser Stelle all jenen und ganz besonders posthum meinen Eltern und Großeltern nochmals Dank sagen. Man sollte auch nicht vergessen, dass wir, die Kriegs- und Nachkriegskinder, ebenfalls einen Großteil dazu beigetragen haben, den heutigen Fortschritt und Wohlstand unseres Landes zu schaffen.